rowohlt

Lachen Sie mal! Köln 1995

Carola Stern

Uns wirft nichts mehr um

Eine Lebensreise

Aufgezeichnet von Thomas Schadt

Rowohlt

1. Auflage September 2004

Lektorat Ingke Brodersen
Satz Aldus PostScript QuarkXPress 4.1 bei
KCS GmbH, Buchholz i. d. Nordheide
Druck und Bindung Clausen & Bosse, Leck
Printed in Germany
ISBN 3 498 06380 4

Uns wirft nichts mehr um

Eka Assmus, Erika Zöger, Carola Stern

Frau Stern, wie viele Rollen und Leben hatten Sie im Leben?

Badegastkind, Tänzerin, Schauspielerin, Rezitatorin auf Festveranstaltungen in der Schule und der Hitlerjugend, Flüchtling, Lehrerin, Agentin, Lektorin, Redakteurin, Kommentatorin, Schriftstellerin, Mitbegründerin der DDR-Wissenschaft und der Menschenrechtsbewegung in der Bundesrepublik, Ehefrau und Witwe.

Es ging mir nie darum, Einfluss und Macht zu gewinnen; ich habe kein Verhältnis zur Macht. Aber doch immer darum, mich schließlich selbst zu finden.

Inhalt

Der erste Schultag, Ahlbeck 1932,
noch hoffnungsfroh

Die Bühne der Kindheit

Wenn man auf ein so langes Leben zurückblicken kann, mit all den Irrtümern und Fehlern, den Brüchen und Verwerfungen, die ich erlebt und begangen habe, dann sollte man versuchen, sich damit auseinander zu setzen und einiges davon wieder gutzumachen. Darüber zu berichten ist eine Form der selbstkritischen Auseinandersetzung, aus der Jüngere vielleicht lernen, welchen Versuchungen und Gefahren Menschen meiner Generation im 20. Jahrhundert ausgesetzt waren, warum so viele in entscheidenden Augenblicken versagt haben und welchen Preis sie dafür zahlen mussten.

Verbinden Sie eine Erwartung mit diesem Filmprojekt? Oder lassen Sie es auf sich zukommen? Oder gibt es etwas, was Sie noch entdecken möchten?

Ich bin gespannt, ob Sie Fragen an mich stellen werden, auf die ich nie gekommen wäre; Fragen, über die ich noch nie nachgedacht habe. Und ich möchte dabei in Erfahrung bringen, wieweit es möglich ist, sehr viel Jüngeren das Leben in zwei, wenngleich sehr unterschiedlichen Diktaturen zu vermitteln.

Frau Stern, warum ist es wichtig, sich zu erinnern? Was glauben Sie?

Je älter man wird, desto stärker verspürt man das Bedürfnis, sein Leben abzurunden, daraus eine Einheit zu formen und sich zu fragen, was lebt eigentlich von dem kleinen Mädchen noch in der alten Frau? Und wie hat sich diese Frau im Laufe ihres Lebens verändert? Und wodurch? Was würde sie am liebsten noch einmal erleben? Und was würde sie gerne auslöschen? Ohne Erinnerung findet man keine Antworten auf solche Fragen. Aber bei aller Anstrengung, sich zu erinnern, ist immer auch eine gewisse Freude an der Beschäftigung mit sich selbst dabei.

In welche Welt wurden Sie hineingeboren?

Ich bin in einem reinen Matriarchat aufgewachsen. Das begann schon mit meiner Großmutter. Die Männer mussten hart arbeiten und die Frauen den Laden schmeißen, das Fremdenheim organisieren. Als einmal ein alter Fischer zu meinem Großvater kam und sagte: «Jakob, wat seechst du?» Da antwortete mein Großvater: «Dat Seeken hat min Fru.» Ja, das Sagen hatten bei uns die Frauen. Mein Vater war früh gestorben, und meine Mutter hat die Männer rundherum nicht sonderlich ernst genommen.

Erst später, als ich in die Welt hinaus kam, merkte ich, dass die Männer offenbar darauf aus waren zu bestimmen und die Frauen offenbar willens, das auch zu akzeptieren. Daran war ich überhaupt nicht gewöhnt. Für mich war das eine völlig neue Lebenserfahrung, und ich habe mich den Männern nie wirklich gefügt, ausgenommen Respektspersonen in Uniform. Polizisten, ja, die habe ich außerordentlich ernst genommen. Das hatte vermutlich etwas mit meinem preußischen Erbe zu tun. Das war die Obrigkeit, und vor der hatte man zu kuschen, mochten ihre Vertreter auch noch so dumm sein.

Wie sehen Sie sich denn als das kleine Mädchen Erika Assmus?

Ich war die Tochter einer Fremdenheimbesitzerin in einem pommerschen Badeort, ein kleines Mädchen mit zwei vorstehenden Zähnen, vielen Sommersprossen und kastanienroten Haaren – eine Haarfarbe, die niemand sonst bei uns im Dorf hatte. Also, hübsch war ich nicht gerade. Und ich wünschte mir – unbewusst, wie man das so mit fünf, sechs Jahren tut –, etwas anderes zu sein, als ich war.

Das Naheliegendste war, ein Badegastkind sein zu wollen. Badegäste, das waren in meinen Augen reiche Leute aus der großen Stadt. Die erlebten, was ich nicht erlebte. Die konnten von der großen Welt erzählen. Und so beschloss ich, auch ein Badegastkind zu sein – oder so zu tun, als wäre ich eins. Morgens setzte ich mir einen Strohhut mit Fransen auf, die mir so weit ins Gesicht hingen, dass meine Sommersprossen nicht zu sehen waren, zog mir ein Badehöschen an, lief über die Straße an den Strand und legte mich zu den anderen Kindern in eine der Sandburgen, so als gehörte ich dazu.

Oder ich führte vor, was ich alles konnte – lange Kopf stehen zum Beispiel. Und die Badegäste haben geguckt, manche haben sogar geklatscht. Den Badegastkindern zeigte ich, wie man sich eingraben lassen konnte, sodass nur noch der Kopf rausguckte, und dann musste man sich fotografieren lassen. Oder ich hüpfte um die Quallen am Strand herum und rief, so wie alle Badegastkinder es taten: «Igittigitt, igittigitt, igittigitt!» Manchmal bin ich auch zum Frühsport gegangen, wo die Männer in langbeinigen Badeanzügen turnten und die Damen in eleganten langen Hosen mit breiten Beinen. Und ich habe mitgeturnt, bis oben auf den Dünen meine Mutter in ihrem schwarzen Kleid mit Schürze erschien, mit den Augen den Strand absuchte, und wenn sie mich endlich erspäht hatte, gellend rief, sodass niemand es überhören konnte: «Eka! Abwaschen kommen! Sofort!!» In solchen Augenblicken habe ich mich immer sehr geschämt, weil sich alle Augen auf mich richteten, und ich dachte, jetzt flüstern sie sich bestimmt zu: Also doch kein Badegastkind! Und so zerrann, wenn die Kirchenuhr zwölfmal schlug, mein wunderschöner Traum.

Wie hat ein kleines Mädchen damals denn überhaupt erkennen können, dass Badegäste vornehm sind?

Die Männer hatten weiche, helle Flanellanzüge an, trugen einen Strohhut auf dem Kopf, und manche küssten ihrer Frau die Hand – was mich tief beeindruckt hat. Ich dachte, so etwas gäbe es nur im Kino. Ich glaube, vornehm wollte ich nicht unbedingt sein. Das lag mir nicht. Aber ich wollte zu der großen Welt gehören.

Badegastkind war Ihre erste kleine Theaterrolle, kann man das so sagen?

Meine erste Rolle war die Tänzerin. Auf dem Konzertplatz, wo die Kurkonzerte gegeben wurden, in einem schönen rosa Kleid mit vielen Volants. Mit dem Tanzen fing ich an,

Das, was ich sein wollte, aber nicht war:
ein Badegastkind

nachdem ich auf der Seebrücke beim Varieté einer Ausdruckstänzerin zugeschaut hatte. Das wollte ich auch werden.

Als ich in die Schule kam, fragte unsere Lehrerin Frau Konrad, ob wir denn schon wüssten, was wir später werden wollten. Alle Kinder saßen stumm da, nur ich habe mich gemeldet: «Ich werde Tänzerin, Frau Konrad.» Hinter mir saß Tüterjohann, ein Sitzenbleiber, und kicherte. Als ich mich umdrehte und ihn hitzig fragte: «Was kicherst du? Ich *werde* Tänzerin.» Da antwortete er: «Das geht ja gar nicht!» – «Wieso nicht? Es steht fest!» Daraufhin schmetterte Tüterjohann mir den vernichtenden Satz entgegen: «Du kannst es nicht, weil du O-Beine hast.» Da habe ich meinen Ranzen geschnappt, bin mitten im Unterricht aus der Klasse gerannt und ab nach Hause, wo ich mich prüfend vor den Spiegel gestellt habe. Und ich musste zugeben, dass an der Sache was dran war – meine Beine waren ein echtes Karrierehindernis. Ich habe lange geweint, aber eingesehen, dass ich den Traum aufgeben musste.

Doch meinen Traum, ein Badegastkind zu sein, träumte ich weiter. Ich wollte nicht als Einheimische gelten. Aber meine vielen Sommersprossen! Die störten. Ein Badegastkind ist ganz weiß im Gesicht, wenn es ankommt, und wenn es wieder geht, ist es braun. Auf keinen Fall ist es gesprenkelt wie ich. Die Jungs riefen mir immer nach: «Rote Haare, Sommersprossen sind auch deutsche Volksgenossen.» Ich habe meiner Mutter von einer Anzeige in der «Koralle» erzählt, in der die Creme «Schwanenweiß» angepriesen wurde. Wenn man sich die ins Gesicht cremte,

Ein kleines Mädchen mit Sommersprossen, kastanienroten Haaren und O-Beinen. Tüterjohann hatte leider Recht.

dann sollten die Sommersprossen verschwinden. Meine Mutter fragte: «Wie viel kostet das? Drei Reichsmark?? Nee, das Geld geb ich dafür nicht aus. Nimm Gurkensaft, das soll auch funktionieren.» Ich habe mir daraufhin für weit mehr als drei Mark Gurkensaft aufs Gesicht gespritzt – die Sommersprossen blieben. Mutter Diksch riet mir, des Nachts den Mond anzubeten, dann würden die Sommersprossen weggehen. Ich also nachts an den Strand, um Mutter Dikschs Zauberspruch zu murmeln: «Mond, ich klog di, da Sommersprossen plogen mi, det sa soll mi verloten und di umfoten.» Dabei musste man niederknien und danach wieder rückwärts ins Bett zurück. Hab ich alles gemacht. Aber die Sommersprossen sind geblieben.

Woher kam denn überhaupt der Wunsch, etwas Besonderes sein zu wollen?

Vielleicht war es ein Mangel an Selbstbewusstsein, den ich auf diese Weise ausgleichen wollte. Wenn jemand hinter mir ging und lachte, hatte ich immer den Verdacht, dass er über meine O-Beine lachte. Aber schließlich: Warum werden Menschen Schauspieler, warum werden andere Balletttänzerinnen? Ich glaube, auch die haben das Bedürfnis, auf einer Bühne zu stehen und anderen zu zeigen, was sie können. Und da ich keine Bühne hatte – abgesehen von wenigen Gelegenheiten, wie Gedichte in der Schule aufzusagen, was mir aber nicht reichte –, musste ich mir meine eigenen Rollen schaffen, mit denen ich Aufmerksamkeit auf mich ziehen konnte.

Das hielt sich durch in Ihrem Leben?

Ja, ich glaube, ich habe das immer wieder so gemacht. Auch noch als ich Rundfunkredakteurin und -kommentatorin war oder im «Internationalen Frühschoppen» beim Fernsehen auftrat. Es war ein schönes Gefühl, sich vorzustellen: Hach! Und jetzt gucken die Leute aus Ahlbeck zu, wie ich hier rede, und meine Schulfreundinnen, na, die werden sich wundern, wenn sie mich im Fernsehen sehen! Das hätten die bestimmt nicht gedacht, dass Erika Assmus mal im Fernsehen auftritt! Wenn ich dann feststellen musste, dass diese Rechnung nicht aufging, habe ich mich furchtbar geärgert. Mein Onkel und meine Tante aus Ahlbeck waren einmal auf Rentnerbesuch in Köln, als ich im Fernsehen auftrat, und nach der Sendung meinte meine Tante: «Am besten fand ich den Mann links, dann fand ich auch noch gut diese ältere Dame, die rechts gesessen hat, und der Moderator, der war auch gut.» Da hatte ich eine Mordswut! Ich war drei Tage stocksauer.

War Ihnen Ihre Inselwelt schon als kleines Mädchen zu eng?

Ja. Ich wollte mein Leben nicht in diesem Dorf verbringen.

Sie müssen sich vorstellen, im Winter war die Insel sterbenslangweilig. Die Badegäste waren weg, und als Gäste in unser Fremdenheim kamen eigentlich immer dieselben Leute, Stammgäste eben. Frau Staufer und Frau Neubüßer aus Stettin, die waren jedes Jahr da. Ich hätte gern mal andere Menschen kennen gelernt, am liebsten jemanden, der Sprecher beim Rundfunk gewesen wäre. Später habe ich an den Eugen Diederichs Verlag geschrieben. Ich wollte wissen, wie es denn so wäre, im Verlag zu arbeiten. Und ich bin mit dem Dampfer nach Stettin gefahren, zur «Pommerschen Zeitung» gegangen und habe gefragt, was ich tun müsste, um Redakteurin zu werden. Ich wollte in die Welt hinaus. Ich wollte in der Stadt wohnen. Und ich habe

Die Schule hat mich gelangweilt.
Auch weil wir nicht Hölderlin lasen.

mir mein Leben in immer neuen Träumen erträumt. Ohne diese Träume hätte ich gar nicht leben können.

Mit wem haben Sie denn über Ihre Träume geredet?

Ach, ich glaube, ich habe die meistens für mich behalten. Meine Mutter nahm sie ohnehin nie ernst. Als ich ihr mitteilte, dass ich Schauspielerin werden wollte, schüttelte sie über solche Flausen nur den Kopf. Mit sechzehn oder siebzehn hatte ich den Wunsch zu studieren. Meine Mutter stellte mich daraufhin vor die Alternative, mir entweder eine Aussteuer oder ein Studium zu bezahlen. Sie war fest davon überzeugt, dass ich mich für die Aussteuer entscheiden würde. Auf die aber pfiff ich, ich wollte studieren. Und zwar Kunst- und Theaterwissenschaften. Meine Mutter sagte: «Du bist verrückt geworden, mein Kind.» Eines Tages kam sie auf mich zu: «Du, ich weiß jetzt einen Beruf für dich. Es gibt da einen ganz neuen, hab ich in der ‹Swinemünder Zeitung› gelesen – Diätassistentin im Krankenhaus. Das ist doch was Seriöses.» Als sie an meiner empörten Reaktion merkte, dass ich einen Höhenflitz hatte, lenkte sie ein: «Dann kannst du ja vielleicht Buchhändlerin werden.» Zwischen meinen Träumen und den Vorstellungen meiner Mutter und meiner Umgebung bestand eine tiefe Kluft.

Aber gab es denn nicht so etwas wie eine beste Freundin, der Sie Ihre Träume hätten erzählen können? Waren andere Mädchen um Sie herum? Waren Sie in einer Clique?

Meistens war ich mit anderen Mädchen zusammen. Und früh deren Anführerin. Schon als Möchtegern-Badegastkind. Eines Tages fing ich an, den Badegästen Kasperletheater vorzuspielen. Nun hatte ich keine Kasperlepuppen, aber wenn man Augen, Mund und Nase in eine Kartoffel ritzte und diese dann auf einen Stock steckte, konnte man damit prima Kasperletheater machen. Bald aber war mir das nicht mehr genug. Ich plante Größeres, nämlich zusammen mit anderen Kindern eine richtige Weihnachtsvorstellung für Erwachsene zu organisieren und einzustudieren. Bei uns zu Hause. Zu einer richtigen Weihnachtsvorstellung gehört, dass man Eintritt zahlen muss. Jeder, der zu unserer Vorstellung in unsere Wohnstube kam, wo ich viele Stühle aufgestellt hatte, musste zahlen – kein Geld, aber Schokolade oder Bonbons. Erst dann durfte man sich setzen. Ich hatte mir Flügel organisiert und spielte einen Engel, mein kleiner Vetter war der Weihnachtsmann. Im Sommer habe ich mit einigen meiner Schulkameradinnen ein Theaterstück eingeübt, wir haben Schneewittchen oder Dornröschen bei uns auf dem Hof gespielt. Und 1936, als in Berlin die Olympiade stattfand, da wollte ich auch in Ahlbeck eine Olympiade veranstalten. Und die begann mit Übungen an der Teppichstange.

Das klingt nach sehr viel Selbstvertrauen.

Ja, ich weiß, Anführerin klingt, als sei ich sehr selbstbewusst gewesen. Das war ich aber gar nicht. Ich war ein sehr unsicheres Kind und oft krank. Erst hatte ich Rippenfellentzündung, an der schon mein Vater gestorben war, und musste ins Krankenhaus. Meine Mutter war sehr in Sorge und kam mit, um mich dort zu pflegen. Danach litt ich an Nierenblutungen und musste monatelang im Bett liegen. Die anderen Kinder spielten auf dem Hof und vergnügten sich, ich fühlte mich, wie so oft, ausgeschlossen. Vielleicht war ich deshalb darauf aus, ständig um Anerkennung zu buhlen, von der ich glaubte, dass sie anderen ganz selbstverständlich gezollt wurde, ich sie mir aber ständig erringen müsste.

Welche Anerkennung?

Ich wollte ernst genommen werden, und ich wollte, dass andere mich gern haben. Ich habe mein Leben lang um die Zuneigung von Menschen gebuhlt. Ich weiß nicht, woran das lag. Vielleicht weil mir der Vater fehlte. Noch heute überlege ich mir ständig, wenn ich Menschen treffe, was ich ihnen erzählen könnte, was sie interessieren würde, worüber sie vielleicht lachen und sagen würden: «Oh, das

Mit Anna, der «Perle»

ist aber interessant!» Auf den Gedanken, dass die Leute *mir* vielleicht etwas erzählen könnten, damit *ich* mich amüsiere, komme ich gar nicht.

Sind Sie als kleines Mädchen viel gehänselt worden?

Ja, ziemlich.

Das ist aber auch sehr verletzend, nicht?

Das war sehr verletzend, ja. Hinzu kam, dass ich Fahrschülerin war. Mit zehn Jahren kam ich auf das Lyzeum in Swinemünde, in die Kreisstadt, und dort saß ich zusammen mit den Töchtern von Rechtsanwälten, Ärzten, Studienräten und Offizieren – Swinemünde war Garnisonsstadt – in einer Klasse. Ich gehörte zu den Fahrschülerinnen vom Dorf. Und Fahrschülerinnen galten ungleich weniger als die Mädchen aus der Kreisstadt. Wir waren nicht so schick angezogen wie die und wurden auch nicht zu deren Geburtstagen eingeladen. Die hatten ihren eigenen Freundeskreis. Und darum musste ich irgendwie versuchen, das durch besondere Künste auszugleichen.

Mit Vetter Hans, dem Weihnachtsmann und späteren Fluchtbegleiter

Also standen sich eigentlich in Ihrer Kindheit und Jugend zwei Extreme gegenüber: etwas ganz Zerbrechliches, Verletzliches und etwas sehr Kräftiges.

Und ich glaube, dass beides mich mein ganzes Leben lang begleitet hat. Schon als Kind war ich von Angstträumen gepeinigt. Wenn ich abends die Prinzenstraße am Strand entlang nach Hause ging, sah ich überall Räuber im Gebüsch. Ich stand furchtbare Ängste aus im Dunkeln allein im Bett, wenn die Räuber kommen könnten. Diese Ängste waren ganz früh da. Vielleicht hatte das mit den vielen Krankheiten zu tun, sicherlich aber auch damit, dass mein Vater starb, als meine Mutter im siebenten Monat mit mir schwanger war. Das bringt eine Beschädigung mit sich, die man sein Leben lang nicht wieder los wird.

Sie fanden sich unsportlich, unordentlich, ungeschickt und unattraktiv.

Meine Mutter sagte immer zu mir: «Ich weiß nicht, was aus dir im Leben werden soll. Du bist ein derart unordentliches Kind. Also, ich weiß nicht, wie du jemals zurechtkommen willst.»

Wie drückt sich das denn aus, bei einem Kind? Wie zeigte sich die Unordnung?

Ach, ich konnte nie meine Blockflöte finden, bis sie schließlich unter dem Kopfkissen entdeckt wurde, im Bett. Meine Mutter sagte: «Wer legt seine Blockflöte unters Kopfkissen und nicht in die Flötentasche, wo sie hingehört?» Oder ich suchte stundenlang nach einzelnen Wäschestücken, die ich irgendwann hinter den Ofen geworfen hatte. Und nie konnte ich mich adrett kleiden. Dabei habe ich mich wirklich bemüht, und ich bemühe mich heute noch, aber ich kriege es einfach nicht hin, mir das Tuch so elegant umzulegen, wie andere Frauen das können. Und immer hatte ich Flecken auf dem Kleid, auf der Bluse, auf dem Tuch – hab ich heute noch.

Ich kann mich noch an einen Tag im Zeltlager erinnern, als ich für die Fahnenwache eingeteilt war, aber heimlich weggelaufen bin, um mir ein Stück Pflaumenkuchen zu holen. Plötzlich tauchte der HJ-Führer auf, und ich stand da und überlegte krampfhaft, wo ich mit dem Pflaumenkuchen abbleiben sollte. Und da habe ich ihn einfach in meine Uniformtasche gestopft, in meinen Rock, wo er natürlich durchsuppte. Ich bin den ganzen Tag mit einem lilafarbenen Riesenfleck auf der Rocktasche herumgelaufen. Ich konnte einfach nicht adrett und ordentlich sein. Andere Mädchen sahen sehr viel feiner und hübscher aus als ich.

Ich konnte mir auch nicht die Haare so toll frisieren wie andere, als die Innenrolle aufkam oder die Haare auf Lockenwickler gedreht wurden. All das konnte ich nicht. Ich war einfach ein unordentliches, unattraktives Kind. Und trotzdem war ich etwas Besonderes.

Welches war denn Ihre schönste Rolle, damals als Kind, von den vielen, die Sie hatten?

Ein großer Augenblick des Glücks war, als wir in der Schule «Minna von Barnhelm» spielten und ich die Minna spielen durfte. Als am nächsten Tag unser Geschichtslehrer, die Hände auf dem Rücken, durch die Bankreihen ging, ein Mann, vor dem wir uns alle fürchteten, weil er Kopfnüsse austeilte, da sagte er: «Assmus! Wenn Sie später im Deutschen Theater in Berlin spielen, dann bitte ich um zwei

Freikarten für meine Frau und mich.» Also, ich war so selig wie selten in meinem Leben.

Das war die schönste Rolle? Nicht das Tanzen? Nicht das Badegastkind?

Doch, ich war auch sehr stolz, als ich beim Preistanzen zusammen mit Carmen Kandler in der Strandterrasse den ersten Preis gewonnen habe. Die Musik spielte auf, und alle Paare traten gegeneinander an. Ich habe auf Spitzen getanzt, so auf Zehenspitzen, und Carmen Kandler konnte auch gut tanzen. Und nach und nach drehten sich immer weniger Paare im Kreis, die meisten waren schon ausgeschieden, und zum Schluss waren nur noch wir beide da oben auf der Tanzfläche, wir ganz allein. Als ich nach Hause kam, guckte Herr Wolf, ein Textilkaufmann aus Chemnitz und Stammgast bei uns, aus dem Fenster, und ich rief ihm zu: «Herr Wolf, ich habe das Preistanzen in der Strandterrasse gewonnen!» – «Oh!», sagte Herr Wolf. «Da gratuliere ich aber von ganzem Herzen.» Das war auch so ein wunderbarer Moment.

Und irgendwann ist dann das erste Hakenkreuz aufgetaucht.

Wenige Wochen nach Hitlers Machtergreifung war bei uns im Dorf von Listen die Rede, die angeblich bei den Kommunisten gefunden worden waren, Listen mit Namen aller Nazis, die ermordet werden sollten. Der Name meines Onkels soll sich auch darauf befunden haben. Insofern stand ich die ersten Wochen nach dem 30. Januar große Ängste aus. Mein Onkel wohnte bei uns, und jeden Abend rechnete ich damit, dass sie kommen würden, um ihn zu ermorden.

Bis dann der Tag von Potsdam kam, an dem alle Ahlbecker den Jägersberg hinauf zur Bismarckwarte zogen. Der SA-Sturm und die SS waren dabei, die Hitlerjugend und die Damen vom Königin-Luise-Bund, der noch nicht verboten oder noch nicht in die Frauenschaft überführt worden war. Ein großes Feuer wurde entfacht, und alle sangen patriotische Lieder. Der Ortsgruppenleiter, oder vielleicht war es auch der Kreisleiter, hielt eine Rede, dass sich in Potsdam der Gefreite aus dem Ersten Weltkrieg, Adolf Hitler, und der Generalfeldmarschall von Hindenburg die Hand gereicht hätten und dass sich jetzt auch in Ahlbeck – wie überall – die Bürger und die Anhänger des Führers die Hand reichen sollten, dass Wehrmacht, SA und alle anderen jetzt *eine* Volksgemeinschaft wären und dass unser Führer Adolf Hitler das Reich stark und mächtig machen würde. Das hat mich sehr beeindruckt.

Mit zehn Jahren wurde ich «Jungmädel», vorher war ich schon ein «Küken», das gab es später nicht mehr. Küken waren kleine Mädchen von sechs Jahren, die ein braunes Kleid trugen und einen Blumenkranz im Haar. Die Kükenleiterin war Fräulein Drews, unsere Lehrerin. Die wanderte mit uns in den Wald, wir bildeten einen Kreis, setzten uns hin, und dann hat sie uns aus einem Buch vorgelesen, das hieß: «Kinder, was wisst ihr vom Führer?» Das fand ich schön, so mit anderen Kindern zusammenzusitzen, zuzuhören und Lieder zu singen.

Als ich dann zu den Jungmädeln kommen sollte, wurde ich krank und lag monatelang im Bett. Alle anderen Kinder gingen schon zum Dienst, und je länger ich das Bett hüten musste, desto mehr verklärten sich meine Vorstellungen vom «Dienst». Ich beneidete die anderen und fieberte dem Tag entgegen, an dem ich dabei sein könnte. Und eines Tages war es dann so weit. Meine Mutter kaufte mir eine Uniform, von der Jungmädelführerin bekam ich einen Schlips mit Knoten überreicht, und dann ging ich endlich auch zum Dienst.

Wir trafen uns im Keller unserer Schule und lernten das Lied vom kleinen Trompeter. «Leb wohl, du kleiner Trompeter, wir hatten dich alle so lieb» ... Der kleine Trompeter, hieß es, sei hinterrücks von Rotfront erschossen worden. Zwanzig Jahre später erst lernte ich, dass «Der kleine Trompeter» eigentlich zum Liedgut der KPD gehörte und von den Nazis hinterrücks erschossen worden war. Die Nazis hatten die Geschichte einfach umgedreht. Wir zogen singend in den Wald – «Im Frühtau zu Berge wir zieh'n, fallera» –, machten Schnitzeljagd, spielten Völkerball und traten an. Da die Aufstellung nach Größe erfolgte, war ich leider immer die Letzte oder die Vorletzte. Und auch im Sport war ich nicht gerade brillant. Aber an den Heimabenden, da konnte ich mich endlich hervortun. Von unseren Badegästen aus Dresden und Leipzig hatte ich beim Zuhören Sächsisch gelernt.

Und eines Tages habe ich gefragt: «Kann ich auch mal was vormachen?» – «Klar», sagte die Führerin, «kannst du.» Und da habe ich mir einen kleinen Puppenwagen geschnappt, der dort irgendwo herumstand, bin auf einen Stuhl gestiegen und habe auf Sächsisch über den Puppenwagen geplaudert. Alle Kinder haben gelacht und geklatscht – ich sehe mich noch heute auf diesem Stuhl stehen. Das war wunderbar.

Wir haben auch Bücher untereinander ausgetauscht, und ich kann mich noch gut daran erinnern, wie beeindruckt ich von der Lektüre von Walter Flecks «Wanderer zwischen zwei Welten» war, von dem Heldentod, von dem in diesem Buch die Rede war, und von den Sonnenblumen, die auf das Grab des gefallenen Freundes gepflanzt wurden. Heldentod! Darin sah ich die Erfüllung des Lebens.

Damals waren Sie sieben – verstand man da von solchen Zusammenhängen überhaupt schon etwas?
Ich habe mich schon als Kind für Politik interessiert und immer zugehört, wenn die Erwachsenen sich unterhalten haben. Wenn die vom Kaiserreich und von der Weimarer Republik sprachen, habe ich das zwar nicht recht verstanden, aber es hat mich geärgert, dass die etwas wussten, was ich nicht wusste, und dass ich nicht mitreden konnte. Ich wollte gern mehr darüber wissen und habe mit großen Ohren dabeigesessen und zugehört. Zum Beispiel kann ich mich erinnern, dass meine Mutter sich mit meiner Tante und einer anderen Frau über Adolf Hitler unterhalten hat, wie wenig von diesem österreichischen Gefreiten, diesem Malergesellen, doch zu halten war. Ein Proletarier! Der ist nichts für uns. Ich dachte deshalb auch, dass man nicht für den sein sollte.

Doch dann kam der 30. Januar 1933. Ich saß mit meiner Mutter beim Mittagessen, wir hörten in den Nachrichten, dass der Reichspräsident von Hindenburg den Führer der NSDAP, Adolf Hitler, zum Reichskanzler ernannt hat. Und da sagte ich zu meiner Mutter: «Onkel Hans sein Führer ist nun dran!» Und bin losgelaufen und habe bei allen Leuten geklingelt, die ich kannte, und habe denen entgegengeschmettert: «Onkel Hans sein Führer ist jetzt dran!!» Ich hielt das für ein großes Ereignis.

Hitlers Reden allerdings fand ich viel zu laut, ein ziemliches Gekreische, und außerdem fiel mir auf, dass der Mann dauernd «wie» und «als» verwechselte. Und das, dachte ich, ist eigentlich für einen Reichskanzler nicht gerade eindrucksvoll. Aber nach Stettin wollte ich trotzdem mit, als der Führer in unsere Provinzhauptstadt kam. Ich befand mich eingezwängt in der Menge am Schloss, als er im Wagen stehend, den rechten Arm zum Hitlergruß erhoben, vorbeikam und alle: «Heil! Heil! Heil!» schrien. Das konnte ich nicht mitmachen und dachte nur bei mir, Kinder, der sieht aus wie der Leiter der Sparkassenfiliale auf der Insel Usedom, aber nicht wie ein Führer.

Wie weit waren Sie denn bei dieser Begegnung von ihm entfernt?

Na, vielleicht zwei Meter.

Was haben Sie genau beobachtet?

Diesen Schnurrbart, dieses unattraktive Gesicht, diese Pose. Heute würde ich sagen, ein bisschen wie Charlie Chaplin Hitler nachgemacht hat. Es war eine aufgesetzte Pose. Dann war er weg, und ich bin sehr enttäuscht nach Hause gefahren. Als ich in den Dampfer stieg, dachte ich, das hättest du dir sparen können.

Gleichzeitig haben Sie aber zu seinem Geburtstag eine Rede gehalten.

Ich habe immer Reden gehalten, besonders als ich Jungmädelführerin war. Ich konnte einfach sehr gut quasen. Und wenn man sich dabei mit dem Rücken vor sein Bild stellte, um sein Gesicht nicht sehen zu müssen, quaste es sich leichter. Für meine Reden habe ich viel abgeschrieben – bei Baldur von Schirach und bei den deutschen Klassikern, bei Goethe beispielsweise: «Du musst Hammer oder Amboss sein.» Die Leute waren hingerissen.

Am 9. November 1938 haben auch auf Usedom die Synagogen gebrannt.

Daran erinnere ich mich sehr genau. Wir kamen in die Schule, und da hieß es, die Synagoge in Swinemünde brennt, und wir sind alle zur Synagoge gelaufen und haben aufgeregt dem großen Feuer zugeschaut. Plötzlich rief ein Mädchen: «Der Rabbiner flüchtet durch die Stadt!» Wir alle zum jüdischen Friedhof, wo die SA- und die SS-Leute die Grabsteine umgestürzt und die Gräber verwüstet hatten. Zu Hause habe ich meiner Mutter davon erzählt, und ich erinnere mich, ich habe davon so gesprochen, als käme ich gerade vom Jahrmarkt – ohne jedes Gefühl für das Grauen, das sich vor meinen Augen abgespielt hatte, ohne Mitleid. Nichts davon.

War das Feuer faszinierend?

Ich glaube, ja.

Wissen Sie noch, was Ihnen da durch den Kopf gegangen ist?

Nein. Ich weiß nur, dass wir gegafft haben. Es war etwas los. Das war überhaupt ein Kennzeichen der NS-Zeit, es war immer etwas los. Es war immer etwas los. Es gab Aufmärsche, Zeltlager, Schulungskurse und Dienst und Sportwettkämpfe ... Es war immer etwas los. Das fand ich gut. Und ich war nicht allein. Ich konnte immer mit anderen zusammen sein.

Als die Deutschen im September 1939 Polen überfallen haben – wie haben Sie das wahrgenommen?

Auch dafür galt: Es war wieder etwas los. Mein Vetter und ich liefen auf den Konzertplatz und erwarteten, dass jetzt irgendwas Besonderes geschehen müsste, es war ja schließlich Krieg. Aber es tat sich nichts.

Im Sommer 39 waren alle Badeorte auf der Insel überfüllt. Die Leute kamen in Strömen, weil sie das Gefühl hatten, das könnte womöglich der letzte Sommer sein, den wir in Frieden erleben. Und da wollen wir noch einmal Ferien machen und glücklich sein. Und plötzlich trafen die ersten Einberufungsbefehle ein, Stellungsbefehle nennt man das, glaube ich. Die Männer, die eben noch mit ihren Familien beim Frühstück gesessen hatten, mussten abreisen. Und dann, eines Tages, das könnte der dreißigste August gewesen sein, wurde am Bahnhof eine Mitteilung ausgehängt: «Die Deutsche Reichsbahn übernimmt ab übermorgen keine Garantie mehr für die Beförderung von Privatpersonen.» Daraufhin leerte sich der Ort innerhalb von achtundvierzig Stunden. Alle stürmten die Züge und versuchten, noch mit dem letzten Zug wegzukommen. Nur ein altes Ehepaar blieb den September über bei uns in dem großen Haus mit den vierundzwanzig Zimmern, im zweiten Stock, in dem Balkonzimmer, und sagte: «Wenn es Krieg gibt, dann sind wir hier vielleicht sicherer als in Berlin.»

Wie haben Sie es denn erfahren, dass es Krieg gibt? Aus dem Radio?

Ja, wir haben Hitlers Reichstagsrede im Radio gehört: «Seit fünf Uhr wird zurückgeschossen.» Was er sonst noch alles gesagt hat, weiß ich nicht mehr. Aber ich erinnere mich an die überall verbreitete Behauptung, dass der Deutsche Sender Gleiwitz von Polen überfallen worden sei – und nun sei Schluss mit der Rücksichtnahme, deutsche Truppen seien in Polen einmarschiert. Wir hörten die

Wehrmachtsberichte, und dann ging man ins Kino und sah in der Wochenschau, wie Bomben über Polen abgeworfen wurden. Und ich erinnere mich an den 18. September 1939 – ja, ich glaube, es war der 18. –, da hielt Adolf Hitler wieder eine Rede und sagte – das hat mich sehr beeindruckt: «Mit Mann und Ross und Wagen hat sie der Herr geschlagen.» Und dann folgte die Besetzung Norwegens und Dänemarks …

Ich kann mich nicht genau erinnern, was ich in diesen Tagen gedacht habe. Ich weiß nur, dass ich für diesen Krieg gewesen bin, ich war stolz auf die Wehrmacht und stolz darauf, dass sie in nur wenigen Tagen Polen besetzt hatte. Bedenken oder Skrupel hatte ich nicht. Niemand, den ich kannte, hatte die.

Wie hat man denn überhaupt in der Zeit das Vorgehen der Nazis wahrgenommen?

Bei uns mit Stolz und Begeisterung. Überall sah man vorrückende Truppen und Polen mit erhobenen Händen. Bei uns gab es eine tief sitzende Polenverachtung, die bis heute nicht ganz überwunden ist. Die Polen galten als dreckig und faul, und wir hatten das Gefühl, wir seien Herrenmenschen. Mein Vetter war neun, ich war dreizehn – wir rechneten uns zur Herrenrasse und schwadronierten darüber, dass es nicht nur bei der Eroberung von Polen bleiben würde. Mein Großvater war zur See gefahren und von ihm wurde bei uns zu Hause erzählt, dass er die deutsche Flagge in Deutsch-Südwestafrika und Deutsch-Südostafrika gehisst habe und mit Lettow-Vorbeck als Schiffsjunge unterwegs gewesen sei. Ich träumte davon, dass wir unsere Kolonien wiederbekommen würden und ich dann als Farmerin nach Afrika gehen könnte.

Für uns war die Welt in Ordnung. Es war nicht so sehr der Führerkult, der mich beeindruckt hat, eher die Vorstellung, zu einer auserwählten Rasse oder zu einem auserwählten Volk zu gehören, und die Vorstellung von dem … von dem Reich. Also, wir sangen mit großer Inbrunst: «Deutschland, heiliges Wort, du voll Unendlichkeit, über die Zeiten fort seist du gebenedeit.» Was «gebenedeit» bedeutet, wussten wir gar nicht. Aber meine Großmutter sagte immer: «Stelle einen Deutschen auf einen Felsen, und er macht einen blühenden Garten daraus.» Stell einen Deutschen an die Front, und er wird die ganze – oder die halbe – Welt erobern, so dachte ich. Wir sangen: «Es zittern die morschen Knochen der Welt vor dem großen Krieg.» Wir waren deutschnational und voller Vaterlandsbegeisterung und erlebten wohl auch so etwas wie einen Kriegsrausch.

«Herrenrasse» – was stellt man sich als dreizehnjähriges Mädchen darunter vor?

In der Schule hatten wir im Biologieunterricht bei Fräulein Büttner gelernt, dass es verschiedene Rassen gebe und die germanische Rasse die mit Abstand bedeutendste sei. Die Juden, das seien Untermenschen. Und dann gab es noch die dinarische Rasse, glaube ich, und einige andere. Wir jedenfalls gehörten zu der richtigen. Wie die Engländer. Meine Mutter hatte von meinem Vater eine gewisse Anglomanie übernommen.

Die Briten waren Germanen und gehörten eigentlich zu uns. Auch die Skandinavier. Franzosen galten als dekadent und liederlich. Und Russen als Untermenschen. In dieser Vorstellung lebte ich. Es verwirrte mich etwas, als wir Dänemark und Norwegen überfielen. Das waren doch eigentlich auch Germanen. Aber der Frankreichfeldzug, der Einmarsch in Paris, das beeindruckte uns doch wiederum sehr.

Es war eine nahezu ungetrübte Faszination.

Nicht ganz. Als ich sechzehn, siebzehn war, musste ich oft Kriegsdienst leisten, immer in den Ferien. Und manchmal war ich sehr unglücklich dabei. Einmal musste ich bei einem Bauern arbeiten, der immer schimpfte, weil ich nicht melken konnte. Oder ich wurde einer Familie zugewiesen, die fand, dass ich nicht penibel genug saubermachte. Oder ich musste in ein Heim der so genannten Kinderlandverschickung, wo ich auf Mädchen aus ganz vornehmen Familien aus Berlin-Dahlem traf, die mich ständig getriezt haben. Ich war oft so unglücklich bei diesem Dienst, dass ich mich zu Hause mutwillig die Treppe hinuntergestürzt habe, von ganz oben, Augen zu und dann runter, immer in der Hoffnung, ich würde mir Arme oder Beine brechen oder wenigstens verstauchen. Aber ich holte mir dabei nur lauter blaue Flecke, gebrochen habe ich mir nie etwas.

Als Frankreich kapitulierte, glaubten viele, damit sei der Krieg zu Ende.

Daran kann ich mich nicht erinnern. Aber ich erinnere mich an die Furcht und an die Unsicherheit, die uns alle beschlich, als die Sowjetunion überfallen wurde.

In unserem Ort gab es nur wenige Sozialdemokraten, und manche von denen waren zur NSDAP übergetreten. Es gab nur ein oder zwei kommunistische Familien, die waren aus dem Armenhaus – alle Leute, die ich kannte, waren Nazis. Ich kann mich an keinen einzigen Menschen

Konfirmation, März 1940, mit Mutter, die liebevoll, aber selten richtig zärtlich war

erinnern, der auch nur ein Wort der Kritik an dem Überfall auf halb Europa geäußert hätte.

Aber als die SS-Soldaten, die bei uns und in anderen Häusern am Strand einquartiert gewesen waren, nach Norwegen abkommandiert wurden, fand meine Mutter beim Saubermachen in den Schubladen der Kommoden Aufrufe vom Reichsführer SS Himmler. Da Deutschland sich im Krieg befände, müssten die deutschen Soldaten ihre bisherigen Moralvorstellungen aufgeben und auch außerhalb der Ehe Kinder in die Welt setzen. Für den Führer und Großdeutschland.

Meine Mutter war entsetzt, fassungslos über diese «Schweinerei». *Das* war in ihren Augen eine Sauerei, nicht aber der Überfall auf andere Völker, nicht die Verhaftung von Juden. Eine Sauerei war auch die Gründung der Organisation «Lebensborn», in der die geschwängerten Frauen dann ihre für Führer und Großdeutschland gezeugten Kinder zur Welt brachten. In Heringsdorf gab es ein solches Heim.

Meine Mutter war auch entsetzt über einen von ihr ansonsten sehr geschätzten Schriftsteller, Hanns Johst. Der hatte ein Buch geschrieben: «Ruf des Reiches – Echo des Volkes», in dem der Vorsitzende der Reichsschrifttumskammer den Zug der Wolgadeutschen zurück nach Deutschland schilderte.

Und da habe er eines Tages mit einer Bauernfamilie und deren Magd zusammengestanden, und die Magd war schwanger. Und da fragte er die Magd: «Ist der Vater des Kindes auch mit nach Deutschland gekommen?» Und die Magd sagte: «Ja, der Bauer.» Und Hanns Johst stand voller Bewunderung vor dieser Dreieinigkeit von Bäuerin, Bauer und Magd. «Also, wenn diese Schweinereien nicht aufhören», empörte sich meine Mutter, «dann verstehe ich die Welt nicht mehr.»

In solchen verquasten Moralvorstellungen wuchs ich auf. Ich ging in den Kindergottesdienst, ich war eigentlich ein ganz normales Kind. Und doch hatte ich kein Mitleid, kein Mitgefühl mit den Opfern – das erschreckt mich bis heute.

Als die verhungerten russischen Kriegsgefangenen an unserem Haus vorbeizogen, kam keiner auf den Gedanken, ins Haus zu laufen, um eine Scheibe Brot für sie zu holen. Frau Henius, die nichtjüdische Frau eines jüdischen Verlegers aus Berlin, der nach Auschwitz deportiert worden war, wurde von meiner Mutter manchmal zum Kaffeetrinken eingeladen, und eines Tages bat Frau Henius: «Frau Assmus, können Sie nicht mal an den Führer schreiben? Dass mein Mann das EK 1 im Ersten Weltkrieg bekommen hat und dass er ein deutscher Patriot ist und niemals was gegen Deutschland getan hat! Damit er aus Auschwitz wieder freigelassen wird?» Meine Mutter zuckte nur hilflos mit den Schultern: «Das nutzt doch nichts, Frau Henius, wenn ich an Hitler schreibe. Das kriegt der doch gar nicht zu sehen.» Vielleicht hatte sie auch Angst, dass uns ein solches Schreiben schaden könnte, jedenfalls wurde nichts unternommen. Alles, was wir taten, war, weiterhin freundlich zu Frau Henius zu sein. Juden, die man kannte, waren gute Menschen. Juden, die man nicht kannte, waren schlechte Menschen.

Kamen Ihnen nie Zweifel?

Das schlimmste Erlebnis während des Krieges war für mich, als ich auf einer Dienststelle der Hitlerjugend war und hörte, wie Zwangsarbeiter gefoltert wurden. Das war

1944. Unsere Bannführerin, die für den BDM im ganzen Kreis verantwortlich war, hörte auch, wie die Menschen schrien. Und da hat sie … – ich weiß nicht, ob ich es getan habe, sie jedenfalls hat es getan – immer mit den Füßen aufgestampft und «Aufhören! Aufhören!» gerufen. Als ich vor einigen Monaten zum ersten Mal seit Jahren wieder von ihr hörte, habe ich zu ihr gesagt: «Ich werde dir das nie vergessen, dass du gerufen hast: Aufhören!» Da sagte sie: «Du, ich bin runtergegangen und habe gesagt, aufhören! Und die *haben* aufgehört!»

Sie haben es ja nicht gesehen. Was haben Sie sich denn vorgestellt? Welche Bilder standen Ihnen dabei vor Augen?

Nein, ich habe es nicht gesehen, aber gehört. Und die Schläger haben uns dann gesagt: «Das sind Zwangsarbeiter, und wir müssen Geständnisse von denen erpressen, und da schnallen wir sie auf dem Stuhl fest und schlagen sie mit Peitschen.»

Dass Menschen geschlagen werden, bis sie vor Schmerzen schreien, das hat mich Tage und Nächte verfolgt. Ich habe mit vielen anderen Menschen darüber gesprochen und wollte wissen, was sie dazu meinten. Ich habe mit meiner Mutter darüber gesprochen und mit Schulfreundinnen – alle haben nur mit den Schultern gezuckt und gesagt: «Tja, es ist eben Krieg.» Manche haben gesagt, dass man mit Feinden auch feindlich umgehen müsse. Und andere haben gesagt: «Du weißt ja gar nicht, was die getan haben, was die vielleicht Deutschen angetan haben, was die angerichtet haben.» Aber dieses Erlebnis habe ich nie vergessen können, und es ist für mich ein entscheidender Grund gewesen, *Amnesty International* mit zu gründen, und ein entscheidender Grund, mich mit Hartmut von Hentig und Günter Grass für die Entschädigung von Zwangsarbeitern einzusetzen. Ich habe gelernt, wozu Menschen fähig sind, die von einer Ideologie besessen und einer Verführung, einer schrecklichen und barbarischen Verführung, erlegen sind. Seitdem weiß ich, man muss alles tun, um zu verhindern, dass es nochmal geschieht. Man darf es nicht so weit kommen lassen. Wenn es erst so weit ist, kann man sich auf die Menschen nicht mehr verlassen.

Der entscheidende Punkt war, dass das ein emotionales Erlebnis war?

Es war nacktes Entsetzen.

Das spricht dafür, dass man eine solche Erkenntnis vermutlich nur im konkreten Erlebnis finden kann und nicht in der Abstraktion.

Ja. Das wird es wohl sein. Ich weiß es nicht. Ich glaube, dass die Maßstäbe und die Werte, mit denen man aufwächst, stark vom Elternhaus abhängen, von den Lehrern, von dem, was in der Umgebung gesagt und gesprochen wird. Bei uns war alles darauf angelegt, dass wir gläubige Nazis werden konnten. Der Nationalismus war schon lange vor 33 in Pommern weit verbreitet, in unserer Familie besonders, und der Antisemitismus auch. Und – es ist sehr schwer, *mea culpa* zu sagen. Das haben wir nach 1945 ja erlebt.

Es gab keine wirkliche öffentliche Auseinandersetzung über den Nationalsozialismus bis zu den sechziger Jahren. Auch an der Universität spielte das so gut wie keine Rolle. Bis zur Studentenrevolte. Bis dahin war der Antikommunismus die Staatsreligion. Erst als ich mein Buch «In den

Netzen der Erinnerung» schrieb, wurde mir klar: Gott, das ist ja ein Kollektivschicksal, was du da anhand deines eigenen Lebens beschreibst.

Nach Erscheinen dieses Buches traf ich lauter Menschen, die mir ins Ohr flüsterten: «Auch mal HJ-Stammführer, auch mal Jungmädelführerin, auch mal hohe BDM-Führerin gewesen.» Noch heute kommen bei Lesungen manchmal achtzigjährige Frauen auf mich zu: «Ich auch! Ich auch!» Aber dass das einer mal laut gesagt hätte! Ich kann mich nicht erinnern, dass Herr Kiesinger, unser früherer Bundeskanzler, der Mitglied der NSDAP war, je ein Wort des Bedauerns darüber geäußert hätte. Keiner hat das getan.

Sie haben in den Jahren 1940 bis 45, in den prägenden Jahren Ihres Lebens, den Krieg erlebt. Und ich frage mich immer, wie ist das? Hat man das Gefühl, diese Jahre verloren zu haben, dass einem etwas genommen worden ist?

Ja, es gab eine Zeit, in der ich der Meinung war, wir seien alle um unsere Jugend betrogen worden. Das hatte etwas zu tun mit diesem Uniformdrill. Man konnte sich keine schönen Kleider kaufen, alles gab es nur auf Marken. Man konnte nicht ins Ausland reisen. Tanzveranstaltungen wurden irgendwann verboten. Das heißt, ich bin als achtzehnjähriges Mädchen nie zu einem Tanzvergnügen gegangen. Stattdessen musste man dauernd aufs Land fahren, um zu hamstern.

Aber ich möchte hier nicht so tun, als gehörte meine Generation zu den Opfern. Die wirklichen Opfer waren andere. Aber Verlust von Jugend und Unbeschwertheit und Unbekümmertsein und Leichtigkeit – das gab es. Ich glaube, ich habe nie gelernt, was Leichtigkeit ist oder Unbekümmertheit oder Fröhlichkeit.

Wie haben Sie den 20. Juli 1944 in Erinnerung?
Das war ein Tag, der meine Mutter, auch mich und überhaupt die ganze Familie außerordentlich betroffen gemacht hat. Wir wussten nicht, wie wir damit fertig werden sollten. Unsere Helden waren die Generäle und die Admiräle, schon aus der Kaiserzeit. Unsere Helden waren die großen Preußen, die Gutsbesitzer aus Hinterpommern und die Herren von und zu. Auch deshalb fühlten wir uns so in Übereinstimmung mit diesem Staat und mit dieser Hitlerherrschaft, weil wir sicher waren, an der Seite der preußischen Generalität zu stehen. Das waren unsere Helden. Und dass unsere Helden sich gegen den Führer erhoben, das konnten wir nicht begreifen. Meine Mutter sagte: «Ich kann es nicht verstehen. Ich kann es nicht verstehen. Wie konnten sie ... wie konnten sie nur? Sie haben ihren Eid gebrochen.» Es war, als wäre in der eigenen Großfamilie Verrat begangen worden.

Am 12. März 1945 fielen die Bomben der Alliierten auf Swinemünde.
Für mich war das die erste Begegnung mit dem Tod. Meine Tante Müller von nebenan kam morgens um zehn zu uns und sagte: «Eka, könntest du für mich mal zum Landratsamt nach Swinemünde fahren und ein Formular abgeben?» Ich setzte mich aufs Rad und fuhr los. Auf dem Marktplatz in Swinemünde stellte ich das Fahrrad ab, und da gingen die Sirenen los. Fliegeralarm. Und ich wunderte mich noch – sonst war die Stadt doch immer vernebelt. Bei Fliegeralarm wurde die Stadt von italienischen Soldaten

eingenebelt. Diesmal aber sah ich weit und breit keinen Nebel.

An diesem Tag war die Stadt überfüllt mit Flüchtlingen. In der Färberstraße, einer der Hauptstraßen, stand ein Planwagen hinter dem anderen, auf dem die Menschen mit ihren Kindern und ihrem Gepäck saßen. Und keiner wollte seinen Wagen nach dem Fliegeralarm verlassen. Sie wussten auch gar nicht, wohin, und hatten Angst, ihr Wagen könnte inzwischen geplündert werden. Auch der Hafen war voller Flüchtlingsschiffe. Die Stadt war so mit Menschen überfüllt, wie ich sie noch nie erlebt hatte. Ich war noch unschlüssig, ob ich in den Bunker gehen sollte, der in der Nähe der Schule lag, oder besser Richtung Hafen – da fielen auch schon die ersten Bomben. Soldaten haben mich zu Boden gerissen und mir geholfen, in einen Hauseingang zu robben und von dort über einen Hof in eine Waschküche zu gelangen, die als Luftschutzkeller eingerichtet war. Und dann regnete es 45 Minuten lang Bomben.

Das Licht erlosch, die Waschküche bebte. Eine Berlinerin hatte dort Zuflucht gefunden, die uns erklärte: «Wenn es zischt und braust und knallt, dann ist die Bombe schon eingeschlagen.» Und da es ständig zischte und knallte und bombte, hatte ich immer das Gefühl, der sind wir entgangen, dieser Bombe. Und so überlebten wir.

Hatten Sie Angst?

Ja, große Angst. Sehr große Angst. Wir dachten, wir müssten sterben.

Was geht einem da durch den Kopf, als siebzehn- oder sechzehnjähriges Mädchen?

Gar nichts. Der ganze Körper ist erfüllt von bibbernder Angst. Und dann wurde Entwarnung gegeben, und wir traten auf die Straße, und die Stadt existierte praktisch nicht mehr. Sie lag in Schutt und Asche.

Ich habe mein Rad genommen und durch die Trümmer geschoben, und dann erinnere ich mich an die ... an die ... an die Menschen, an die Toten, die in den Straßen lagen, und an diese zertrümmerten Planwagen. An Ruinen, wo die Häuserfronten weggerissen, die Überreste von Zimmern aber noch zu erkennen waren. An eine Badewanne, die in einem früheren Badezimmer hing. An einen Küchenherd, der sinnlos in der Leere stand. Und ich erinnere mich, dass ich ein irres Lachen nicht unterdrücken konnte. Ich ging irre lachend durch dieses Trümmerfeld. Und als ich am Ende des Trümmerfeldes angekommen war und auf die Chaussee nach Ahlbeck kam, gab es wieder Luftalarm, all die Überlebenden strömten aus der Stadt heraus, und wir flüchteten in den Wald. Als ich nach Hause kam, hat meine Mutter mich weinend in den Arm genommen.

Es war ein Alltag mit dem Tod.

Ja. Ja. Aber ich erinnere mich auch an Ostern 1945, und das war ein schöner Ostertag, und ich war bei meiner Schulfreundin Erika Haefke in Heringsdorf eingeladen, und es waren noch andere junge Mädchen da. Wir gingen auf der Seebrücke spazieren und stellten uns zum Gruppenbild auf. Ich habe das Bild noch, und da sieht man sieben oder acht lachende Mädchen, die fröhlich sind und jung ... ich weiß nicht, ob es das Gefühl war, wir wollen die letzten Tage noch genießen. Also, es muss auch immer wieder

Tage gegeben haben, wo man das Elend und das Leid, das man sah, absolut verdrängt hat.

Und ich erinnere mich sehr genau an den 20. April 1945, das war Hitlers Geburtstag. Goebbels hielt eine Rede. Meine Mutter und ich saßen am Rundfunkapparat und hörten zu. Goebbels sagte: «Berlin bleibt deutsch, Wien wird wieder deutsch, der Sieg ist unser.» – «Gott sei Dank», sagte meine Mutter, «jetzt kommen die Wunderwaffen.» – «Mutti, glaubst du das im Ernst?» Meine Mutter fragte entsetzt zurück: «Ja glaubst du etwa, dass der Mann uns in dieser Situation belügt?» – «Ja, das glaube ich.»

Ich hatte mir länger schon klar gemacht, wenn der Krieg wirklich noch zu gewinnen wäre, dann würde Adolf Hitler wohl alles tun, um den Feind daran zu hindern, die deutschen Grenzen zu überschreiten. Wenn es aber nicht mehr gelang, die deutschen Grenzen zu verteidigen, dann war es aus. Insofern war ich schon lange vor dem 20. April überzeugt, dass der Krieg verloren war. Aber meine Mutter hat am 20. April 1945 in ihrer Naivität und Hilflosigkeit noch an den Endsieg geglaubt. Acht Tage später sind wir, zusammen mit meinem Vetter, auf die Flucht gegangen.

Wie erlebten Sie die letzten Tage vor der Flucht?
Mein Vetter war auf einer Nationalsozialistischen Erziehungsanstalt, auf der Napola, gewesen. Dort hatte man die Jungs nach Hause geschickt. Seine Eltern waren evakuiert nach Thüringen, und er kam zu uns. In diesen letzten Tagen hat meine Mutter uns alles erlaubt, was wir vorher nie durften. Wir haben uns in einer der Wohnungen für die Badegäste ein Zimmer eingerichtet mit einem wunderschönen Teppich, und dann haben wir mit Eiern, die meine Mutter gehortet hatte, und aus karamellisiertem Zucker

Sahnebonbons gemacht. Die letzten Tage vor der Flucht haben wir noch richtig genossen.

Am 28. April sind wir dann losgezogen mit einem kleinen Leiterwagen, auf dem hatten wir die Koffer und unser Gepäck, und zogen durch den Ort zum Bahnhof. Auf dem Weg begegnete uns ein Mann auf seinem Rad und rief uns nach: «Die größten Nazis hauen als Erste ab!» Da wussten wir, dass wir nicht mehr zu den Siegern gehörten, sondern zu den Besiegten. Aber solche Gedanken wurden von der Sorge um das Überleben schnell wieder überdeckt.

Warum mussten Sie überhaupt weg, und warum sind Sie so beschimpft worden?

Wir waren Nazis. Meine Mutter war Frauenschaftsleiterin, und ich war Jungmädelführerin. Jeder wusste, dass wir überzeugte Nazis waren, wenn auch nicht die einzigen im Dorf. Und alle hatten Angst vor den Russen. Wir hatten die Flüchtlinge durch den Ort ziehen sehen, die aus Ostpreußen und Pommern kamen, und die hatten furchtbare Geschichten erzählt von den Russen. Dass sie die deutschen Frauen vergewaltigen. Wir fürchteten, verhaftet zu werden, und so machten wir uns auf die Flucht. Und kamen sogar mit dem Zug noch bis Stralsund.

Was hatten Sie überhaupt dabei?

Wir hatten große Koffer, also bestimmt drei, vier Koffer und Rucksäcke. In Stralsund gab es keine Personenzüge mehr, aber dann kam ein Lazarettzug mit lauter Güterwagen, in denen die Verwundeten auf Stroh lagen. Die einzelnen Waggons hatten Bremshäuschen, und wir beschlossen, unseren Leiterwagen aufzugeben und uns mitsamt Gepäck in so ein Bremshäuschen zu zwängen. Es war sehr eng, aber wir hatten noch alle unsere Sachen, und schließlich kamen wir mit langen Unterbrechungen – der Zug stand immer wieder stundenlang – nach Rostock. Dort hielt der Zug wieder, und uns wurde langsam mulmig. Wir fingen an, unsere Ausweise zu zerreißen, den Hitlerjugendausweis beispielsweise. Plötzlich rief meine Mutter: «Oh, Kinder, seht mal! Dort kommen deutsche Panzer.» Wir guckten raus, ich sagte: «Nein, Mutti, das sind russische.» Und da kamen die Panzer, drehten und kamen auf den Zug zugefahren. Wer noch laufen konnte, ob Soldaten oder wir, sprang aus dem Zug, und wir haben unser ganzes Gepäck in dem Zug gelassen.

Gab es in Ihrer Kindheit und Jugend Entscheidungen, die Sie bereuen?

Ein Kind trifft keine eigenen Entscheidungen. Sondern man wird geleitet von der Mutter, von den Lehrern, von der Umgebung und wächst in etwas hinein oder aus etwas heraus. Für meine Kindheit und Jugend bis 1945 war meine bescheuerte Gläubigkeit bestimmend, dieses Gefangensein in einer Ideologie, dieses Leben in erzwungenen Gemeinschaften, das ich als freiwillig und schön empfand. Es war das frühe Bedürfnis des Kindes, sich von anderen Kindern zu unterscheiden, etwas Besonderes zu sein, und es war das ganz außergewöhnlich starke Bedürfnis nach Anerkennung und Liebe durch die Menschen.

Welche Bilder sind Ihnen am stärksten in Erinnerung geblieben aus dieser Zeit? Bilder, die immer wieder auftauchen?

Das tanzende Kind, der Brand der Synagoge, mein Weihnachtstheater, die Lieder, die wir bei den Jungmädeln sangen, die Schreie der Gefolterten, meine Mutter, die Fremdenheimbesitzerin, das zerstörte Swinemünde nach dem Luftangriff.

Ich erinnere mich besonders an den Krieg gegen die Sowjetunion. Manchmal kamen einzelne Soldaten auf Urlaub nach Hause und sagten: «Wenn ihr wüsstet, was das für ein Krieg ist und wie furchtbar es ist, und was da alles geschieht!» Und das flüsterte man sich zu und sagte: «Um Gottes willen!»

Wir hatten von Anfang an große Angst, weil alle Leute sagten: «Russland hat noch niemand bezwungen. Napoleon hat es schon versucht und ist gescheitert. Und vielleicht wird es uns auch so gehen.»

Vor den Russen hatten wir große Angst. Aber gleichzeitig galten die Russen als unvergleichlich stärker als alle anderen, deshalb sahen wir in ihnen unsere Feinde. Unser Arzt, ein Freund der Familie, war als Stabsarzt in Russland gewesen und schrieb einen Artikel in der «Swinemünder Zeitung» über die «Untermenschen». Jedenfalls hatten wir das Gefühl: Wenn die Russen uns kriegen, dann sind wir verloren. Und darum muss man bis zum Letzten kämpfen.

Als ich später für die Arbeit an meiner Autobiographie die «Swinemünder Zeitung» las, war ich erschrocken, was damals alles in der Zeitung gestanden hatte. In der Zeitung stand, dass ein Gauredner auf unsere Insel gekommen ist und erklärt hat: «Wir werden nicht ruhen und rasten, bis der letzte Jude in Europa vernichtet worden ist.» Das stand in der Zeitung. Und da dachte ich, hast du das gelesen? Und wenn du das gelesen hast, was hast du dir dabei gedacht? Bei jeder Konfrontation mit der Vergangenheit bleibt Unerklärliches.

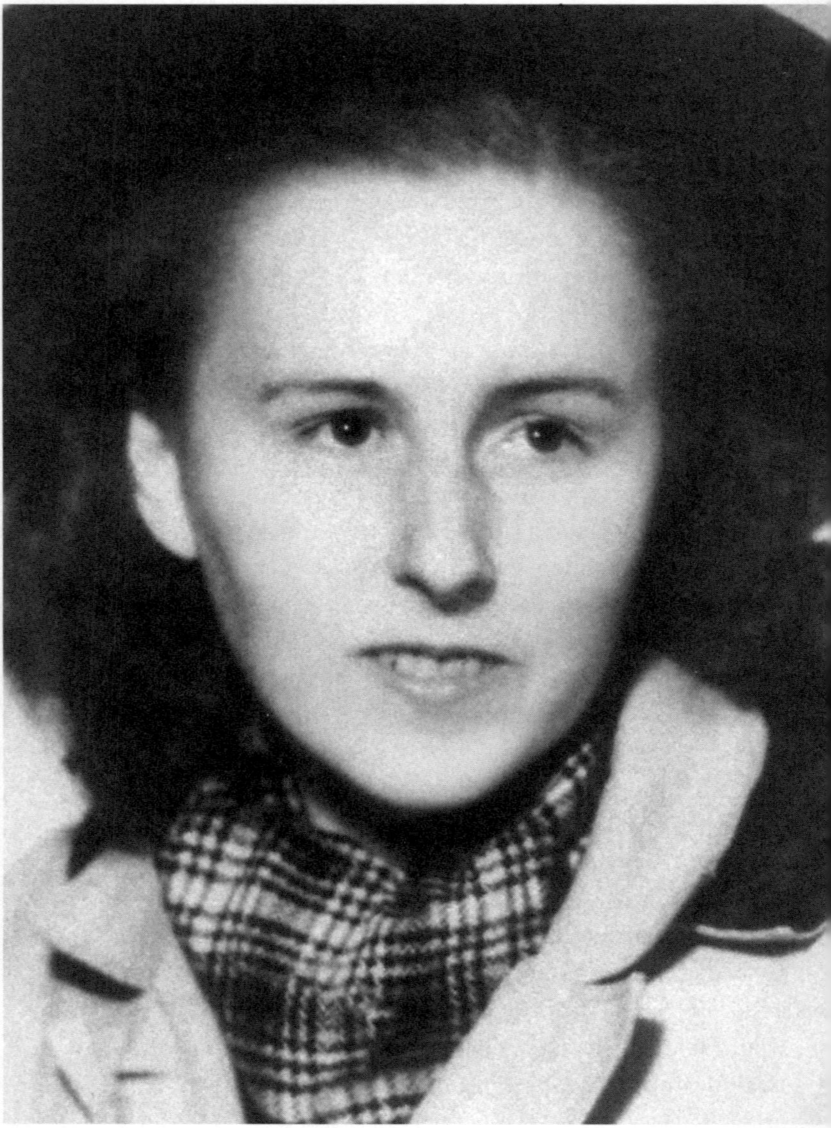

Unsichere Jahre: Berlin 1952

Abenteuer und Angst

Als ich fünfzehn Jahre alt war, hatte ich einen Traum. Zusammen mit vielen anderen Mädchen und Jungen wurde ich in scharf bewachte Holzbaracken eingesperrt. Von Zeit zu Zeit guckte einer unserer Aufseher durchs Fenster und rief uns zu: «Lernen, lernen, lernen!» In dieser Zwangsanstalt wollte ich nicht bleiben. Bei der nächstbesten Gelegenheit sprang ich durch ein Fenster und flüchtete. Schließlich, nach langem Laufen, kam ich in einen großen Wald, und jemand rief mir zu: «Jetzt bist du in Spanien!» Dann lief ich über weite Wiesen, und jemand rief mir zu: «Jetzt bist du in Afrika!» So lief ich um die halbe Welt, bis ich an eine große Straße kam. Auf der anderen Seite versperrte ein hoher Berg den Weg. Doch ich entschied: Jetzt versuchst du, über den großen Berg zu kommen! Es war sehr mühsam, manchmal meinte ich, es nie zu schaffen, und wollte schon aufgeben. Aber dann sah ich unten auf der Straße einen langen, von Wärtern angeführten Gefangenenzug und war froh, nicht zu den Gefangenen zu gehören.

Schließlich erreichte ich den Gipfel. Ein Mann trat mir entgegen: «Um Gottes willen! Was machst du hier! Weißt du nicht, dass du im Reich des Großen Mannes angekommen bist? Wenn er dich trifft, bist du verloren. Und sei sicher: Du entgehst ihm nicht.» Furchtsam ging ich weiter. Und plötzlich stand er vor mir. Alle Angst verflog. Er nahm mich in den Arm, und ich fühlte mich geborgen wie nie in meinem Leben. Schließlich kamen wir an ein großes Tor. Mein Begleiter klopfte dreimal, und es sprang auf. Wir standen in einer großen goldenen Halle, alles flimmerte und glänzte. So etwas Schönes hatte ich noch nie gesehen. Und da fragte ich den großen Mann: «Ist irgendjemand hier, den ich kenne?» – «Nein», antwortete er. «Sie sind alle nicht mehr über den großen Berg gekommen.» Danach bin ich aufgewacht aus meinem Traum.

Ich habe diesen Traum nie vergessen können und oft darüber nachgedacht, was er wohl bedeuten sollte. Inzwischen bin ich mir ziemlich sicher: Ich habe von einem zwangfreien abenteuerlichen Leben geträumt, wie ich es mir wünschte, und am Ende stand der Tod und führte mich ins Paradies.

Wie haben Sie den 8. Mai 1945 erlebt?
Ich war in Wismar.

Haben Sie sich gefreut?
Nein. Ich bin sehr unglücklich gewesen.

Warum unglücklich?
Weil ich wusste, dass alles, wofür ich bis dahin gelebt hatte, woran ich geglaubt hatte, was mein Leben ausgemacht hatte, verloren war. Der 8. Mai besiegelte, dass etwas zu Ende war. Dass jetzt etwas kam, worauf wir überhaupt nicht vorbereitet waren: Besiegte zu sein.

Da waren Sie schon auf der Flucht.
Wir hatten Unterschlupf in einer Schweinemast gefunden, auf dem Heuboden, ganz hinten in der Ecke. Von all unseren Sachen war uns nur noch ein Rucksack geblieben. Wir waren dreckig und verlaust. Wenn wir uns waschen wollten, mussten wir die anderen Flüchtlinge um eine Schüssel bitten. Wir waren schon wochenlang unterwegs, und meine Mutter sagte: «Mein Kind, du stinkst, deine Sachen müssen mal gewaschen werden.» Ich besaß aber außer meinem Mantel nur noch das Dirndlkleid, das ich am Leibe trug. Zum Glück hatte mein fünfzehnjähriger Vetter, der mit uns zusammen auf der Flucht war, in der Stadt einen kanadischen Lastwagen entdeckt und von diesem zwei Felddecken gestohlen, mit denen wir uns zudecken konn-

ten. Denn bis meine Mutter die Sachen gewaschen und getrocknet hatte, musste ich mindestens einen ganzen Tag und eine ganze Nacht halb nackt unter der Decke bleiben. Das war eine unangenehme Situation, denn nachts kamen immer wieder Männer hoch auf den Heuboden, entlassene amerikanische Kriegsgefangene, und vergewaltigten die Frauen. Vorne, am Aufgang, hatten sich deshalb die alten Frauen hingelegt. Bei uns hinten in der Ecke passierte zum Glück nichts.

Was war das für ein Gefühl? Sie waren eine zwanzigjährige junge Frau.

Ach Gott, einzig wichtig war, dass man sein Kleid gewaschen bekam, alles andere war nebensächlich. Ich kann mich nicht einmal mehr erinnern, wie wir uns eigentlich etwas zu essen beschafften.

Ich war in diesen Tagen von den widersprüchlichsten Empfindungen geplagt. Wenn wir miteinander sprachen, flüsterten wir, damit die anderen uns nicht hören konnten. Ich fragte meine Mutter: «Mutti, müssen wir nicht treu sein? Müssen wir nicht, auch im Unglück und jetzt erst recht, der Sache und dem Reich und dem Vaterland treu bleiben?» – «Hm», sagte meine Mutter, «was soll ich dazu sagen?» Ich insistierte: «Denk doch mal an die Männer vom 20. Juli. Die sind doch als Offiziere unsere Helden gewesen, immer schon, auch für Opa und Oma schon, warum sind die denn dem Führer nicht treu geblieben?» Um dann nach einigem Überlegen zu dem Schluss zu kommen: «Aber der Führer ist uns ja auch nicht treu geblieben. Warum sollen wir dann treu bleiben?»

Wie eine gewiefte pommersche Fischersfrau machte ich innerlich die Rechnung auf. Und die ging nicht zugunsten des Führers aus. Ich dachte: Mensch! Dieser Hitler hat uns ganz Europa versprochen, die Welt hat er uns versprochen, Kolonien, und ich wollte Farmersfrau in Deutsch-Südwestafrika werden, und jetzt hat er sich davongemacht, und wir liegen hier im Dreck! So haben wir nicht gewettet! Der Führer hat uns verraten.

Auf der Flucht hatten wir von Soldaten gehört, dass Adolf Hitler, «unser Führer, im Kampf ums Reich» gefallen sei. Das hat mir nur noch ein höhnisches Lachen entlockt: «Wenn ihr glaubt, ihr könnt uns hier noch erzählen, dass der den Heldentod gestorben ist! Der hat sich davongemacht und uns im Dreck zurückgelassen!»

«Kind, rede nicht so!», warf meine Mutter dazwischen. «Der Führer hat vieles, was schlecht war, gar nicht gewusst. Diesem versoffenen Ley, dem Leiter der Arbeitsfront, dem hab ich nie getraut! Und dann dieser Gauleiter Streicher! Die sind verantwortlich für vieles, was schlecht war. Der Führer wusste das gar nicht!»

Meine Mutter dachte und redete, wie viele lange gedacht und geredet haben. Schulfreundinnen haben mir später erzählt, dass sie bei der Nachricht von Hitlers Tod von Weinkrämpfen geschüttelt wurden. Meine Reaktion war Zynismus, vielleicht war das aber auch nur Hilflosigkeit.

Daneben aber hatte ich das Gefühl, ich bin jung, ich bin achtzehn Jahre alt. Und ich kann nochmal neu anfangen. Es kommt nur darauf an durchzukommen. Zu überleben. Irgendwo ein Kleid geschenkt zu bekommen. Diesen Heuboden wieder verlassen zu können. Ein menschenwürdigeres Quartier zu finden. Zu essen und zu trinken zu haben. Es geht um den nächsten Tag und um nichts weiter!

Aber als ich so lange nackt unter dieser Decke lag, dachte ich auch: Jetzt ist Frieden, Frieden! Jetzt wirst du in die Welt kommen. Und eines Tages wirst du mit einem Kavalier auf einen großen Ball gehen. Und du wirst ein Ballkleid mit vielen Volants tragen, Dauerwellen haben, geschminkt sein und herrlich aussehen und Wiener Walzer tanzen, wie im Kino. Und du wirst mit deinem Kavalier die Balustrade entlangflanieren, einen bemalten Fächer in der Hand, mit dem du dir elegant Luft zufächelst, und formvollendete Handküsse entgegennehmen. Das ist Frieden.

Aber die Wirklichkeit sah anders aus. Wir lagen buchstäblich im Dreck, und eines Tages nahm meine Mutter die Dinge in die Hand: «Kinder, so geht es nicht weiter. Wir können hier nicht auf Dauer bleiben.» Mein Vetter und ich boten an, in der Stadt von Haus zu Haus zu gehen, von morgens bis abends, und zu fragen, ob uns irgendjemand aufnehmen würde. Und so sind wir herumgelaufen, bis uns eine Frau auf eine Wohnung hinwies, in der ein Mann allein lebte. Wir klingelten und fragten höflich: «Guten Tag, könnten Sie uns vielleicht für eine gewisse Zeit unterbringen? Wir wissen nicht, wohin.» Er war einverstanden, zeigte uns seine große Wohnung, und wir waren überglücklich und natürlich auch stolz, als wir meiner Mutter von der neuen Bleibe erzählten. Wir packten unseren Rucksack und zogen zu diesem Mann, der uns erzählte, seine Familie sei irgendwo im Osten. Meine Mutter war ihm überaus dankbar und machte sich gleich nützlich, kochte, und zusammen machten wir die Wohnung sauber.

Als wir dabei eine große Axt, die an der Wohnungstür stand, aus dem Weg räumen wollten, bestand der Mann darauf, dass die dort stehen bleiben müsse. Das fanden wir ein bisschen wunderlich, maßen dem aber keine weitere

Bedeutung bei. Bis meine Mutter eines Tages auf die Idee kam, in den Blumenkästen auf dem Balkon irgendetwas auszusäen, Petersilie oder Tomaten. Sie grub mit einem Löffel die Erde um und rief plötzlich: «Komm mal schnell, ich muss dir was zeigen!» Beim Umgraben hatte sie mehrere SS-Rangabzeichen zutage gefördert. «Mensch, wir sind hier bei der SS gelandet!» Man könnte auch sagen, bei unseresgleichen. Aber wir wollten nicht mehr mit unseresgleichen zu tun haben. Als der Mann abends nach Hause kam und meine Mutter ihn mit den Fundstücken konfrontierte, sagte er: «Ja, ich war einer der führenden Leute der Gestapo in Wismar, und deshalb habe ich meine Familie weggeschickt, und wenn jemand kommt, dann nehme ich die Axt und schlage zu.»

Wir gingen in unser Zimmer, beratschlagten und entschieden: Wir müssen hier weg. Das ist zu gefährlich für uns. Mein Vetter, der sehr tüchtig für sein Alter war, zog über die Dörfer der Umgebung und fand tatsächlich ein Gut, auf dem einige leere Baracken standen, in eine davon sind wir eingezogen. Mein Vetter hat als Knecht gearbeitet, ich als Magd und Hausgehilfin, und meine Mutter hat gekocht und Kartoffeln geschält. Und da sind wir eine ganze Weile geblieben. Wir hatten das Gefühl, großes Glück zu haben.

Hat man Ihnen damals nicht die Jugend gestohlen?
Ich glaube, was für mich gilt, gilt für viele Menschen meiner Generation. Wir haben es bestenfalls im Alter zu Wohlstand und Ansehen gebracht, aber jung sind wir nicht gewesen.

Gefühle gab es am Ende dieses Krieges und auf der Flucht ohnehin nicht. Gefühle hatte man nicht, Gefühle konnte man sich gar nicht erlauben. Man ließ sie gar nicht erst zu. Man funktionierte. Fast wie ein Apparat. Gefühle reduzierten sich auf einen freudigen Augenblick, wenn es einem gelungen war, Lebensmittelkarten zu klauen oder eine Decke zu stehlen. Oder ein Zimmer zu ergattern, in dem man leben konnte. Aber Glück? Das Gefühl von Jugend, von Aufbruch, von Lieben oder Verliebtsein, das gab es nicht. Das war völlig weg aus der Welt, mit dem Krieg untergegangen. Vielleicht dachte man zuweilen daran, dann aber mit einer gehörigen Portion Zynismus: Einen Engländer müsste man sich angeln. Das wär was. Wem das gelänge, der hätte es geschafft.

Wie verlief Ihre Flucht dann weiter?

Wir landeten schließlich in einem kleinen Dorf im Südharz, wo ich auf dem Land Arbeit fand. Eines Tages hörte ich, dass die sowjetische Besatzungsmacht ein Forschungsinstitut in der Kreisstadt Bleicherode gegründet hatte, wohin ein Teil der Peenemünder V-Raketen-Forschung evakuiert worden war. Die Sowjets suchten technische Rechnerinnen für das Institut. Zwar war ich in Mathematik immer eine große Null gewesen, aber Landarbeiterin wollte ich nicht bleiben, also fuhr ich hin und bewarb mich. Man sollte ein Abiturzeugnis vorweisen können. Das hatte ich sogar noch, und ich wurde eingestellt. Dann aber kamen mir Bedenken: Konnte man das denn verantworten, so bald nach dem Ende des Zweiten Weltkrieges wieder an Waffen zu arbeiten? Waffen, meinten die Herren in der Personalabteilung, wie käme ich denn darauf? Sie hätten doch nicht mit Waffen zu tun. Aber es ginge doch um Raketen, wandte ich ein. Ja, aber das seien Raketen für den Frieden. Eines Tages würde die Post mit Raketen nach

Amerika befördert werden, und wir alle würden nicht mehr mit Flugzeugen, sondern mit Raketen durch die Gegend fliegen. «Wirst schon sehen, wie schnell das kommt.»

Ich weiß nicht mehr, ob ich das geglaubt habe oder ob ich es glauben wollte, aber die Arbeitsbedingungen waren jedenfalls deutlich besser als bei meiner vorigen Stelle. Ich konnte mir sogar ein möbliertes Zimmer nehmen. Als mir der Mathematiker, in dessen Abteilung ich tätig sein sollte, am ersten Tag die Rechenmaschine erklären wollte, ging die kaputt, und ohne Rechenmaschine, meinte er, sei nichts zu machen.

Eine halbe Stunde später fuhren Lastwagen auf den Hof, voll beladen mit wissenschaftlicher Literatur, die geordnet und einsortiert werden musste. Und da ich nichts zu tun hatte, sollte ich mich darum kümmern. Das war meine große Chance, das begriff ich sofort. Und so wurde ich Bibliothekarin.

Bleicherode kam mir vor wie ein neuer Anfang. Ich hatte das Gefühl, jetzt kommst du in die Welt hinaus. Als der Betrieb etwa ein Jahr später in die Sowjetunion verlegt wurde, konnte man sich darum bewerben mitzugehen. Ich stand schon in dem Zimmer des Offiziers, wo man sich melden sollte, aber dann dachte ich an meine Mutter. Zu diesem Zeitpunkt wusste ich schon, dass sie Krebs hatte. Ich konnte sie nicht verlassen. Ich musste bleiben. Aber mein Bedürfnis, mich auf Abenteuer einzulassen, war zu dieser Zeit sehr groß. Als einige Wochen später die Bibliothek eingepackt wurde, klaute ich an Büchern, was ich nur klauen konnte. Jeder, der mit der Abwicklung befasst war, tat das, und zwar alles, was nicht niet- und nagelfest war. Ich versteckte die Bücher in irgendeiner Scheune und verkaufte sie später.

Das heißt, es wäre durchaus denkbar gewesen, dass Sie in die Sowjetunion gegangen wären?
Ja. Ich stand ja schon im Aufnahmezimmer.

Auch da gab es wieder diesen Moment in Ihrem Leben, der immer wieder eintrat: dass Sie sich etwas aufgebaut hatten, was Ihnen anscheinend nicht schwer fiel, aber nach einer Zeit mussten Sie es wieder aufgeben.
Ja, das stimmt. Aber ich war daran gewöhnt. Wir waren fast ein halbes Jahr auf der Flucht gewesen. Erst hauste ich in Wismar, dann in Nienburg an der Weser, dann in Rüdigershagen, dann in Bleicherode – das war schon die vierte Station. Damals waren andere Zeiten, nicht zu vergleichen mit heute. Heute wachsen Kinder auf, gehen oft in der gleichen Stadt auf die Universität oder in die Lehre. Ihr Lebenskreis bleibt viel beschränkter als unserer damals. Wir zogen wie Vagabunden durch die Lande, von einem Ort zum nächsten. So war das Leben eben. Und das hatte auch seinen Reiz: Es forderte ungeheure Energien heraus, man maß seine eigenen Kräfte, und immer wieder stellte man fest: Ich habe es wieder mal geschafft. Sich das immer wieder von neuem zu beweisen, das schafft Energien für das ganze Leben. Abschied zu nehmen ist mir in meinem Leben nie schwer gefallen. Nicht einmal von Köln, wo ich 35 Jahre gewesen bin.

Und damals galt: Wenn man vorwärts kommen wollte, wenn man nicht irgendwo versauern wollte, dann musste man den ständigen Wechsel in Kauf nehmen. Jungsein, das war für mich Abenteuer, die große Welt, von der träumte ich, der wollte ich auf irgendeine Weise näher kommen.

Erste Reihe, Dritte von rechts:
im Lehrerausbildungsinstitut Wiesenburg

Dann tauchte ein Mann namens
Mr. Becker auf.

Ich glaube, es war am 13. Mai, ob 1947 oder 1948, weiß ich nicht mehr genau. Ich war zu der Zeit Studentin an einem Lehrerausbildungsinstitut in der Mark Brandenburg, in Wiesenburg, und fuhr an den Wochenenden immer zu meinen Verwandten nach Westberlin, zu Tante Lisbeth und Onkel Karl. An diesem Wochenende waren sie nicht da, sie waren verreist. Ob das schon auf Wunsch von Mr. Becker erfolgte, weiß ich nicht. Jedenfalls: Ich war allein und freute mich, mal richtig ausschlafen zu können. So gegen Mittag klingelte es. Vor der Tür stand ein untersetzter, kleiner Mann mit schwarzem Haar, der aussah wie ein Angestellter des Bezirksamts Tempelhof, und stellte sich, mit deutlichem amerikanischem Akzent, als «Mr. Becker» vor.

Nach kurzem Zögern ließ ich ihn herein. Wir saßen in der Küche, und er kam ziemlich schnell auf den Grund seines Besuches zu sprechen. Er habe gehört, ich sei Mitarbeiterin des Instituts Raabe in Bleicherode gewesen, und seine Dienststelle sei außerordentlich interessiert daran, Näheres darüber zu erfahren. «Seit wann interessieren sich die Amerikaner dafür, was die Deutschen über die Alliierten wissen?», gab ich etwas spöttisch zurück. Das war ihm peinlich, er wechselte schnell das Thema und fragte mich, wie es mir denn eigentlich so ginge. Und ich, was mich heute noch verwundert, erzählte ihm, was ich so machte und vom Krebsleiden meiner Mutter und von meinen Sorgen.

Ich weiß nicht, warum ich ihm das alles erzählte. Spekulierte ich auf eine Büchse Bohnenkaffee für meine Mutter, die ich dann auf dem Schwarzmarkt oder an Frau Maucks verkaufen könnte, die so gern Bohnenkaffee trank und mir vielleicht sogar 400 Mark dafür geben würde? Davon konnte man damals einen ganzen Monat leben.

Wie hat dieser Mann es geschafft, so schnell eintreten zu dürfen?

Er war der erste Ami, dem ich begegnete. Er sah nicht aus wie ein Gangster, und ich dachte, ich will wissen, was der von mir will.

Sie haben sich dann überreden lassen, für die Amerikaner zu spionieren. Was hat Sie dazu gebracht?

Nein, so war es nicht. Zunächst ging es nur darum, den Amerikanern zu erzählen, was ich über das Institut Raabe wusste. Ich sah keinen Grund, warum ich ihnen für so kostbare Güter wie ein Pfund Kaffee, eine Stange Zigaretten und ein halbes Pfund Eipulver nicht erzählen sollte, was die Russen in Bleicherode machten, soweit ich davon wusste. So begann es, und so ging es einige Wochen weiter. Als ich nichts mehr zu berichten hatte, fragten sie, ob ich nicht weiterhin für sie arbeiten wollte, sie könnten im Gegenzug meiner Mutter helfen. Das beeindruckte mich, dass sie bereit waren, meine Mutter operieren zu lassen. Sie bekam ein Einbettzimmer in einem Krankenhaus in der Westberliner Augsburger Straße, das weiß ich noch sehr genau. Die Amerikaner zahlten. Und ich hatte das Gefühl, wenn es eine Chance gibt, das Leben meiner Mutter zu retten, dann nur mit Hilfe der Amerikaner.

Als Gegenleistung sollte ich in die SED eintreten. Ich dachte, wenn's weiter nichts ist. In dem Lehrerausbildungsinstitut war ohnehin die Parole ausgegeben worden, wer Lehrer werden wolle, müsse Mitglied der SED sein. Alle waren in der SED, nur ich nicht und einige wenige andere. Es war also nichts Außergewöhnliches, als künftiger Lehrer in die SED einzutreten.

Ich hatte die naive Vorstellung, dass mich das nichts kostet. Die Einheit Deutschlands würde bestimmt kommen, und dann gäbe es ohnehin keine SED mehr. Ich begriff überhaupt nicht, worauf ich mich einließ und wie sehr das mein weiteres Schicksal bestimmen sollte. Ich war mit meinen 21 Jahren einerseits ungeheuer naiv, andererseits aber von einem unglaublichen Lebenswillen angetrieben. Und ich hatte niemand, mit dem ich ernsthaft darüber reden konnte, niemand, der mir vielleicht geraten hätte, lass die Finger davon. Ich hatte weder einen guten Freund noch eine Schwester, noch einen Vater, und meine Mutter war krank. Ich hatte niemanden.

Wie hat sich der Kontakt zu Mr. Becker weiterentwickelt? Wie haben Sie sich mit ihm getroffen, wie waren die Verabredungen?

Das weiß ich alles nicht mehr so genau. Er brachte mich in eine konspirative Wohnung, wo eine Dame Kaffee ausschenkte, offenbar die Besitzerin dieser Wohnung. Die konspirativen Wohnungen wechselten. Und es war auch nicht immer Mr. Becker, den ich traf. Es kamen auch andere Leute. Aber immer nur einer.

Aus heutiger Sicht würde man sagen, Sie haben sich da leichtfertig in ein Abenteuer begeben.

Ich hatte das Gefühl, auf diese Weise Verbindung zur großen Welt zu haben und, nennen wir es mal so, zu einer reichen Verwandtschaft zu gehören. Zu Vettern oder großen Brüdern, die alle sehr freundlich zu mir waren und die es offensichtlich gut mit mir meinten. Die sich gern mit mir unterhielten, denen ich auch von meinen Sorgen erzählen konnte. Zu denen ich kommen konnte, um mir Rat zu holen – außer dass sie sehr zurückhaltend waren, wenn man ihnen konkrete Fragen stellte. Wie sie sich das denn eigentlich vorstellten mit der SED-Karriere, dazu äußerten sie sich nicht. Das müsste ich schon selbst herausfinden.

Könnte man sagen, es war ein materieller Deal, den Sie da geschlossen haben?

Nein, es war mehr als ein materieller Deal. Es war auch das Gefühl, eine Familie zu haben, eine Familie, die zum reichen Westen gehört.

Die reichen Onkel aus Amerika.

Ja, die reichen Vettern aus Amerika. Und die sorgten für mich. Ich, die Dorfschullehrerin, das Mädchen von der Insel, die hinterpommersche Kleinmagd, als die mich manche meiner Freunde bezeichneten, kannte Amis, hatte plötzlich Anschluss an die große Welt gewonnen. Und in dieser Welt gab es alles: Zigaretten, Nylonstrümpfe, schöne Kleider, Dinge, von denen man nur träumen konnte.

Als Kind hatte ich einige amerikanische Filme gesehen, Hollywoodfilme mit Shirley Temple, das war meine Traumwelt. Ich hatte inzwischen amerikanische Autoren gelesen, Hemingway, Faulkner, Thornton Wilder. Das war für mich Weltliteratur. Und mit dieser Welt war ich, wenn auch nur durch eine schmale Brücke, die ständig einstürzen konnte, verbunden. Und ein Schuss Abenteurertum war auch dabei, sich in jemanden zu verwandeln, der man nicht war, eine Rolle zu spielen. Und sich zu fragen, wo wird das alles enden. Es war spannend.

Weihnachten 48 stirbt Ihre Mutter. Damit war doch der eigentliche «Gegenstand» Ihres Vertrages mit den Amerikanern nicht mehr existent? Da hätten Sie doch aufhören können.

Im Gegenteil: Ich glaubte, diese Verbindung noch dringender als vorher zu brauchen, denn durch den Tod meiner Mutter fühlte ich mich sehr verlassen. Die Frage, ob ich die

Verbindung zu den Amerikanern aufgeben sollte oder nicht, stellte ich mir gar nicht. Ich war entschlossen, sie mir zu erhalten. Und eines Tages würde sie mir ermöglichen, selbst in den Westen zu kommen.

Also hatten die Amerikaner leichtes Spiel mit Ihnen?
Das kann man wohl sagen.

Dieser heiße Lebenshunger, den Sie damals hatten – was war das, der Wunsch nach Karriere?
Es war etwas Ähnliches, wie ich es schon als Mädchen auf der Insel Usedom gekannt hatte. Ich wollte raus aus dieser engen Welt. Ich wollte in die weite Welt hinaus, in der es lauter unvergleichliche und unerwartete Möglichkeiten gab, in der man was erlebte. Wie diese Welt wirklich aussah, wusste ich gar nicht.

Als ich einmal durch Dahlem gegangen bin, sah ich eine Amerikanerin aus einem Auto steigen, in einem eleganten Kleid, mit einer schönen Frisur, auffällig geschminkt und mit hochhackigen Schuhen und einer schicken Ledertasche. Und ich kam mir vor wie Aschenputtel, das plötzlich die große Welt sieht. Ich war von Neid erfüllt und gleichzeitig voller Bewunderung. Diese Amerikaner, dachte ich bei mir, die gehören zu dieser wunderbaren Welt, und auf meine Weise habe ich mit meinen Zigarettenstangen und Corned-Beef-Büchsen Anteil daran. Weiter reichte meine Phantasie nicht. Aber ich wusste, Dorfschullehrerin bei Potsdam war nicht gerade das, was mir auf Dauer erstrebenswert erschien.

In Ihrem Potsdamer Doppelleben – wie kam man da überhaupt hin und her?

Mit der S-Bahn.

Und da brauchte man keinen Passierschein, das ging einfach so?

Ja.

Wie haben die Amerikaner Kontakt zu Ihnen gehalten?

Die Amerikaner haben nicht zu mir Kontakt gehalten. Wenn ich in eine konspirative Wohnung kam, habe ich angerufen, dass ich da war. Und dann kam jemand.

Und unter dieser Nummer war auch immer jemand zu erreichen?

Ja, immer.

Ihre (Agenten-)Karriere in der SED. Zu diesem Zweck gingen Sie auf die SED-Parteihochschule in Kleinmachnow bei Berlin.

Das war Anfang 1950. Ich war ausgewählt worden, an einem Lehrgang der Parteihochschule teilzunehmen, wo die Kader des neuen bolschewistischen Typs herangebildet werden sollten.

Ich ging mit ängstlichen Erwartungen zu dem Lehrgang und war dann anfänglich eher angenehm überrascht. Die Parteischule lag auf einem riesigen Gelände, das in der Nazizeit der Post gehört hatte, dem Reichspostministerium, und dort war an der Elektronik für die Waffen in Peenemünde gebastelt worden. Ich war vorher schon auf der Kreisparteischule gewesen, auf der Landesparteischule, und gemessen daran, kam mir hier alles vornehm und modern vor.

Man wohnte, zusammen mit zwei anderen Schülerinnen, auf einem Zimmer, es gab geräumige Schränke, schöne Betten und sogar Waschgelegenheiten auf dem Zimmer – so etwas war ich gar nicht gewöhnt. Hier schien auch sonst alles viel gelassener zu sein. Nächtliche Verhöre, Anklagen und Prozesse, an denen das ganze Kollektiv teilnehmen musste – all das, was ich auf anderen Parteischulen schon erlebt hatte, gab es hier nicht. Man gehörte zu einem Wohnkollektiv, zu einem Klassenkollektiv, zu einem Sportkollektiv. Man lebte ständig im Kollektiv. Aber das war ich gewöhnt, schon aus der Hitlerjugend. Das war für mich nichts Neues.

Damals, nach Gründung der DDR, wurde die SED zu einer bolschewistischen Partei neuen Typus umgeformt. Die Losung hieß: «Von der Sowjetunion lernen heißt siegen lernen.»

Der Kult um Stalin war grenzenlos. Im Unterricht haben wir die Klassiker gelesen, also Karl Marx und Friedrich Engels, auch Lenin, und immer wieder Stalin, Stalin, Stalin. Stalin wurde in den Vorlesungen als der große Lehrmeister des Weltproletariats gefeiert und als der größte Wissenschaftler aller Zeiten. Und mit ihm wurde die ganze russische Geschichte auf eine Weise glorifiziert, wie ich es beim besten Willen nicht nachvollziehen konnte. Die Weltrevolution hatte eigentlich schon im Zarenreich begonnen.

Bei einem solchen Unsinn konnte ich gar keine überzeugte Kommunistin sein! Das bin ich nie gewesen, nicht einmal dort auf der Parteischule. Als überzeugte Kommunistin hätte ich außerdem melden müssen, dass ich im

Auftrag des amerikanischen Geheimdienstes auf die Schule gekommen war. Aber ich war schließlich keine Selbstmörderin. Ich machte so etwas, was man in der Soziologie «teilnehmende Beobachtung» nennt. Eine eigene Meinungsbildung versuchte ich möglichst zu vermeiden, weil ich fürchtete, daran kaputtzugehen. Ich las auch keine Zeitung, wenn ich in Westberlin war, weil ich Sorge hatte, das könnte mich nur verwirren. Ich versuchte, so zu leben und zu denken, wie die überzeugten Kommunisten um mich herum.

Selbst zu denken, hatte ich mir untersagt. Ich ließ mich völlig ein auf das, was gelehrt wurde, ohne daran zu glauben. Für die Gläubigen war es schwieriger. Sie *wollten* überzeugt sein, und wenn sie nicht überzeugt waren, dann sagten sie es. Und das war schlimm, dann wurden sie fertig gemacht.

Bei dem schrecklichen Ritual der «Kritik und Selbstkritik» gaben die meisten dann auch noch preis, was sie nicht für richtig hielten, waren aber nicht bereit zu bereuen, in der festen Überzeugung, sie hätten nichts zu bereuen. Aber das hatte keinen Zweck. Man musste mea culpa schreien. Und daran habe ich mich gehalten. Ich hatte begriffen: Es kam gar nicht darauf an, den Lehrstoff in eigenen Worten wiederzugeben. Das verunsicherte die Lehrer nur. Am besten lernte man alles auswendig und betete einfach nach, was in der Vorlesung gesagt worden war. Dann sagten die Lehrer: «Bravo», und man galt als ausgezeichnete Schülerin. Es war wie auf einer mittelalterlichen katholischen Priesterschule.

Auf der Parteischule gab es in der Riesenbibliothek auch einen Riesengiftschrank, und in dem lag alles, was nicht gelesen werden durfte. Da lagen die Werke der bürgerlichen und liberalen Historiker, auch Bücher der «schlimmsten Parteifeinde» – Bücher von Trotzki zum Beispiel, oder von Radek und Bucharin, die in den Großen Säuberungen in der Sowjetunion umgekommen waren.

Wir haben von Feindbildern gelebt. Der Hauptfeind war der amerikanische Imperialismus mit seinem Verbündeten, der westdeutschen Regierung, die zusammen mit den Amerikanern einen Dritten Weltkrieg vorbereite. Aber als Feinde galten auch Tito, der «Faschist», und dann die «Bande von Mördern und Verbrechern», Trotzki und die Trotzkisten.

Als mich eine meiner Mitschülerinnen einmal fragte: «Sag mal, hast du in deinem Leben schon mal einen Trotzkisten getroffen?», antwortete ich: «Um Gottes willen, nein! Was mögen das für Verbrecher sein?» Wir stellten uns unter Trotzkisten so eine Mischung aus Al Capone und Kinderschändern vor. Wir plapperten alles nach, was vorgebetet wurde, und arbeiteten daran, gute Bolschewiki zu werden.

Aber bei aller Beklemmung, die mich immer noch überfällt, wenn ich daran zurückdenke, und bei aller Erleichterung, dieser Welt entkommen zu sein, war es doch eine wichtige Erfahrung für mich, diese Zeit des Stalinismus. Ich habe die Menschen kennen gelernt, die dieses System getragen und an führender Stelle gestanden haben. Ich habe dabei, vielleicht intensiver als anderswo, gelernt, wie unterschiedlich Menschen sein können – sie können freundlich sein und hilfsbereit, einander zugewandt, für andere da sein und sich gegenseitig helfen in der Not. Und von einem Moment auf den nächsten können sie sich in Bestien verwandeln. Wie Wölfe konnten ansonsten freundliche Menschen über die Angeklagten bei der «Kritik und Selbstkritik» herfallen, wenn es darum ging, die eigene Haut zu retten, besonders die, die mit den Angeklagten befreundet waren, weil sie den Vorwurf der «Kontaktschuld» fürchteten. Da saß ich oft staunend dabei und fragte mich, sind das die gleichen Menschen, sind das die gleichen Menschen?

Aber auch ich selbst machte mir oft nicht bewusst, was ich eigentlich tat. Als wir eines Tages für eine große Ausstellung Bilder zusammentrugen, ordnete unser Lehrstuhlleiter an, alle Bilder zu überprüfen, ob nicht ein Parteifeind darauf abgebildet wäre, der im Zuge der «Großen Säuberung» in Ungnade gefallen und hingerichtet worden war. Und tatsächlich entdeckten wir auf einem Stalinbild noch den Genossen Bucharin, aus dem längst ein Parteischädling geworden war, den man in den dreißiger Jahren in der Sowjetunion hingerichtet hatte.

Ich nahm ein Stück Pappe und deckte ihn so ab, dass sein Gesicht nicht mehr zu sehen war. Ich löschte ihn gleichsam noch einmal aus, ohne mir vor Augen zu halten, was es bedeutet, einen Menschen auszulöschen, aus der Geschichte zu tilgen.

Dass selbst die freundlichen Menschen um mich herum nicht zögern würden, mich kalten Herzens der Stasi auszuliefern, das hatte ich bald begriffen. Unsere Direktorin, Hanna Wolf, war so eine. Sie war als überzeugte Kommunistin in der Nazizeit in die Sowjetunion emigriert und kam als überzeugte Stalinistin zurück. Ihre Überzeugungstreue dokumentierte sie in solchen Sätzen: «Rilke ist wirklich ein wunderbarer Dichter, aber wenn er als Konterrevolutionär angeklagt worden wäre, hätte ich nicht die geringste Scheu gehabt, sein Todesurteil zu unterschreiben.» Menschen, die in den Westen geflüchtet waren, hielt sie für «Schweine». Sie hat noch die Wende 1989 miterlebt, aber bis zum Ende ihres Lebens ist sie eine überzeugte Stalinistin geblieben. Stalins Bild hing bis zum Schluss in ihrem Zimmer.

Die größten Scharfmacher aber waren Lehrer, die als ehemalige Wehrmachtsoffiziere in der sowjetischen Kriegsgefangenschaft auf so genannten Antifa-Schulen, Antifaschistischen Schulen, von der Roten Armee umgeschult worden waren. Die besten von ihnen kamen als Lehrer auf die Parteihochschule. Das waren Befehlsempfänger, ihr Leben lang. Die meisten waren kaum älter als ich und hatten nie gelernt, selbständig zu denken und zu handeln.

Wie hält man so etwas aus, wie macht man so etwas, wenn man innerlich gar nicht überzeugt ist? Das kostet doch Kraft.

Vor allem war es mit der ständigen Angst vor Entdeckung verbunden. Wenn ich durch die unterirdischen Gänge lief, durch die die einzelnen Häuser miteinander verbunden waren, hielt ich ständig Ausschau nach irgendwelchen Ecken, wo ich mich im Notfall verstecken könnte. Als ich eines Tages vor dem Verwaltungsgebäude der Parteischule stand und plötzlich den Minister für Staatssicherheit, Wilhelm Zaisser, aus der Tür treten sah, durchfuhr es mich: «Oh Gott, ist der deinetwegen gekommen? Wollen sie dich verhaften?» Und dann stieg der seelenruhig in sein Auto und fuhr davon. Und ich redete beschwörend auf mich selbst ein: «Mich kriegst du nicht, mich fängst du nicht!» Aber die Angst blieb. Beim Essen habe ich oft vergeblich versucht, mein ständiges Zittern zu überwinden oder zumindest zu verbergen. Ich schaffte es einfach nicht.

Wenn ich an diese Zeit zurückdenke, dann denke ich an Angst, an Selbstaufgabe, Selbstverleugnung und an ein perfektes Rollenspiel. Ich habe viel über meine damalige Agententätigkeit nachgedacht und glaube, dass dieses Sicheinfügen in einen fremden Apparat mit einem starken Identitätsverlust verbunden ist. Es ist schwer, daraus unbeschädigt hervorzugehen, wieder eine Vorstellung davon zu entwickeln, wer man eigentlich ist oder werden will.

Wollten Sie die perfekte Genossin werden?
Ich *musste* die perfekte Genossin sein, und ich konnte das nur, indem ich realisierte, was von der perfekten Genossin erwartet wird. Nur so konnte ich meine Aufgabe erfüllen.

Waren Sie der Agententätigkeit nicht irgendwann überdrüssig?
Nein.

Heißt das, sie war Ihnen wichtiger als private Bedürfnisse?
Eine solche Entscheidung stellte sich gar nicht. Wenn ich mit meinen amerikanischen Freunden zusammen war, hatte ich das Gefühl, das ist meine Familie. Wenn ich in Kleinmachnow war, hatte ich das Gefühl, das ist meine Familie. Ich war viel zu angespannt, um mir ständig Rechenschaft abzulegen und zu analysieren, was mir wichtig, was richtig oder falsch war. Das sind nachträgliche Konstruktionen.

Was haben Sie von den Amerikanern denn noch erwartet? Was, hofften Sie, sollte am Ende dabei herauskommen?

Das weiß ich nicht. Ich hoffte nur, dass es eines Tages zu Ende sein möge.

Aber Sie hatten mit den Amerikanern doch auch eine Art Familie gefunden?

Ja, aber ich glaubte deswegen doch nicht, dass ich diese Familie mein Leben lang haben würde! Es gibt Verbindungen und Anhänglichkeiten auf Zeit, wo kommen wir hin, wenn wir uns das immer gleich für ein ganzes Leben ausrechnen?

War das ein durchgängiges Lebensgefühl bei Ihnen, dass alles nur ein Versprechen auf Zeit ist?

Das weiß ich nicht. Ich hatte keine Zeit nachzudenken, ich war zu angespannt. Aber im Nachhinein kommt es mir so vor.

Wann hat sich dieses Gefühl bei Ihnen eingestellt?

Ich glaube, je älter und einsamer man wird, desto mehr denkt man an die Vergangenheit.

Ist das eine Antwort auf meine Frage?

Ja.

Aber Sie hätten ja diese konspirativen Geschäfte auch lassen können.

Dann wäre ich nichts als eine hauptamtliche Funktionärin der SED gewesen, und zwar eine hauptamtliche Funktionärin der SED, die vom Kommunismus nicht überzeugt ist. Und was hätte dann aus mir werden sollen? Ich glaubte, gar keine andere Wahl zu haben, als weiterzumachen. Ich hatte keine Entscheidungsfreiheit mehr über mein Leben.

Als ich den Amerikanern erzählte, dass ich das Zittern meiner Hände nicht mehr unter Kontrolle halten konnte, haben sie mich zu einem Nervenarzt geschickt. Ich hoffte inständig, dass der mir bescheinigen würde, ich müsste aufhören. Aber das tat er nicht, und so musste ich wieder zurück.

Gibt es denn überhaupt noch einen Unterschied zwischen dieser Art von «Rollenspiel», wie Sie es nennen, und fast schon einer Bewusstseinsspaltung?

Es war eine klassische Form von Bewusstseinsspaltung.

Würden Sie das wirklich so nennen?

Ja.

Wo blieb in dieser Zeit das ICH der Erika Assmus?

Ich denke, es ging auf in einer Rolle – ich wäre gerne Tänzerin geworden, nun war ich eine Schauspielerin, Tag und Nacht sozusagen, und gleichzeitig war ich ein völlig verängstigter und einsamer Mensch. Ich habe oft gesagt, dass ich eine glückliche alte Frau geworden bin, aber dass ich eine sehr unglückliche junge Frau gewesen bin.

Der 25. Juni 1951 war vielleicht einer der bedeutendsten, aufregendsten Tage Ihres Lebens.

Es war ein Montag, glaube ich. Ich sollte an diesem Tage vor der Zentralen Parteikontrollkommission erscheinen, die damals alle Parteimitglieder und Funktionäre überprüfte. Mein Termin war für 15 Uhr angesetzt. Ich weiß nicht mehr, wie ich den Vormittag überstanden habe. Ich weiß nur noch, dass ich ein dunkelgraues Kostüm trug und mich nach dem Mittagessen in meinem Arbeitszimmer auf die Couch legte, um zu entspannen, denn ich fürchtete diese Überprüfung sehr und hatte mir deswegen ein genaues Konzept zurechtgelegt, wie ich mich verhalten wollte.

Um Punkt 15 Uhr betrat ich das Zimmer, in dem die Mitglieder der Kontrollkommission saßen. Sie fragten nach meiner Arbeit, nach der Selbsteinschätzung meiner Schwächen und Stärken und nach meinen Zukunftsvorstellungen. Nun wusste ich genau, wenn über mich schon irgendein Verdacht existierte, dann war dies eine Fangfrage. Würde ich Interesse an einer wichtigen Funktion, beispielsweise bei der Staatssicherheit oder beim Militär oder bei der obersten Parteiführung zeigen, dann wäre dies womöglich eine Bestätigung ihres Verdachts. Diese Vorstellung musste ich von Anfang an durchkreuzen. Also präsentierte ich mich noch voller «kleinbürgerlicher Überreste» – wie diese Floskeln und Formeln alle lauteten –, als der Arbeiterklasse immer noch nicht eng genug verbunden, mit unzureichendem Klassenbewusstsein, und sagte, das Beste für mich wäre, eine gewisse Zeit lang in einem Betrieb zu arbeiten. Um es auch nicht zu übertreiben, wies ich darauf hin, dass es ja auch Betriebsparteischulen gäbe, und vielleicht könnte ich in einer davon arbeiten, um mein Klassenbewusstsein zu stärken. Aber das lehnten sie gleich ab, bei der Tätigkeit müsse man schließlich auch etwas von der Arbeit in diesem Betrieb verstehen. Daraufhin schlug ich vor, als Arbeiterin in einen Betrieb zu gehen. Im Stillen sagte ich mir, wenn sie *keinen* Verdacht haben, werden sie eine erfolgreiche Lehrerin der Parteihochschule nicht als Arbeiterin in einen Betrieb schicken wollen.

Nach ungefähr einer Stunde war das Gespräch beendet. Ich erhob mich, ungläubig, wie glatt alles gelaufen war, und hatte schon die Türklinke in der Hand, als der Vorsitzende plötzlich sagte: «So, und nun berichte uns doch bitte ausführlich von deiner Tätigkeit für den amerikanischen Geheimdienst.» Wie es mir gelang, zu meinem Stuhl zurückzukehren, weiß ich nicht mehr. Ich hatte das Gefühl, die Erde täte sich unter mir auf, und im nächsten Augenblick würde ich zur Hölle fahren. Aber wer um sein Leben kämpft, oder zumindest um seine Freiheit, entwickelt ein erstaunliches Maß an Konzentration und Willenskraft. Ich jedenfalls brachte in dieser Situation eine Energie auf, wie ich sie, glaube ich, nie wieder in meinem Leben aufgebracht habe.

Mir fielen die Genossen ein, die unter den Nazis im KZ gewesen waren und oft davon gesprochen hatten, wie wichtig es bei Verhören gewesen war, nichts, aber auch gar nichts zuzugeben und einfach alles abzustreiten. Ich antwortete also, dass ich keine Ahnung hätte, was eine solche Frage sollte, die müssten sie mir schon etwas näher erklären. Das brachte sie aus dem Konzept. Sie hatten damit gerechnet, dass ich schon bei dieser Frage völlig zusammenbrechen würde. Nun schwiegen sie verwirrt, bis sich der Vorsitzende entschloss – und das hielt ich für einen großen

Fehler ihrerseits –, mir zu erklären, wie sie zu ihrem Vorwurf gekommen waren.

Eine Freundin aus dem Lehrerausbildungsinstitut in Wiesenburg hatte mich angezeigt. Ich hatte ihr von meiner Verbindung zu den Amerikanern erzählt, die ich aber längst aufgegeben hätte. Sie hatte das bei ihrer eigenen Überprüfung haarklein wiedergegeben, und so war es der Parteiführung zu Ohren gekommen.

Als sie mir diese Hintergründe erläuterten, wusste ich, jetzt kommt alles darauf an: sie oder ich. Es musste mir gelingen, die Anklage dieser Frau unglaubwürdig erscheinen zu lassen.

Ich stritt alles ab und behauptete, diese Sabine hätte sich alles nur ausgedacht, vielleicht aus Eifersucht, da wir damals einen gemeinsamen Freund in dem Institut gehabt hätten. Das hielt die Kommission für nicht sehr überzeugend, ich auch nicht. Ich forderte eine Gegenüberstellung und ahnte, dass die mit dieser Zeugin der Anklage derzeit nicht ohne weiteres möglich sein würde, und überlegte derweil krampfhaft, welches entlastende Argument mir noch zu Hilfe kommen könnte. Und dann fiel mir ein, dass man sich im Institut erzählt hatte, Sabine hätte einen Freund gehabt, der nach Westdeutschland geflüchtet war. Auf den wies ich hin und meinte, ich könnte mir alle möglichen westdeutschen Geheimdienste vorstellen, die alles täten, um der SED zu schaden. Vielleicht sei dieser geflüchtete Freund von einem solchen Dienst beauftragt worden, mit Hilfe seiner früheren Freundin überzeugte Kommunisten in verantwortlichen Funktionen durch absurde Vorwürfe zu diskreditieren.

Das wiederum konnten sich die Herren von der Kontrollkommission absolut vorstellen: dass der Klassenfeind auf diese Weise tätig gewesen und ich sein Opfer geworden war.

Ich durfte gehen. Allerdings kündigten sie an, die Vernehmung demnächst fortsetzen zu wollen. Ich dachte nur noch an Flucht, ermahnte mich aber, damit noch zu warten. Zurück in meinem Arbeitszimmer, erzählte ich einem Lehrer von der «nützlichen» Vernehmung, ging dann in die Bibliothek, um nach einem bestellten Buch zu fragen, und tat alles, um diesen Tag als einen ganz gewöhnlichen erscheinen zu lassen.

Kurz vor sechs Uhr betrat ich den Speisesaal, wo auch die Kommission saß, und setzte mich hin, um zu essen, auch wenn ich kaum einen Bissen runterbrachte. Ich zwang mich aber, trug dann meinen halb vollen Teller in die Küche zurück und ging in den Park.

Durch die von Soldaten bewachte Pforte konnte ich nicht gehen. Das wäre zu auffällig gewesen. Auf meinem Marsch den hohen Zaun entlang, der das ganze Gelände der Parteischule einschloss, fand ich schließlich einen Balken, auf dem man hochklettern konnte. Als ich oben stand, hörte ich Hundegebell, Polizisten patrouillierten mit Hunden regelmäßig im Park. Ich musste springen, auch auf die Gefahr hin, dass ich mir bei dieser Höhe etwas brechen könnte. Ich sprang, und alles ging gut.

Den ganzen Weg am Teltow-Kanal entlang konnte ich immer noch hinter mir das Hundegebell hören. Schließlich kam ich an ein Haus, wo ich eine Frau nach dem Weg nach Westberlin fragte. Vielleicht habe ich irgendeine Andeutung gemacht, dass ich nicht nach dem offiziellen Übergang suchte. Jedenfalls zeigte sie mir einen Waldweg, der etwa zwei Meter hinter einem Schlagbaum aus dem Wald herauskam. Dort schob ein Soldat Wache, der gerade von seiner Freundin besucht wurde. Er rief: «Halt! Zurückkommen!» Vor mir lag ein weites offenes Feld, und es war klar, wenn ich weggelaufen wäre, hätte der mich nach zehn Metern eingeholt. Ich ging also zurück, zeigte ihm meinen Ausweis und erklärte, ich wollte meine Verwandten in Potsdam besuchen und in Zehlendorf in die S-Bahn einsteigen. Ich durfte gehen.

Nahe den ersten Häusern von Zehlendorf war die Endstation einer Buslinie. Ich marschierte in einen Fleischerladen und bat die Fleischersfrau, meine zehn Ostmark, die ich noch in der Tasche hatte, gegen das Geld für eine Busfahrkarte einzutauschen.

Das tat sie. Und dann setzte ich mich in den Bus und fuhr durch Westberlin, bis ich schließlich in der Nähe vom Fehrbelliner Platz ausstieg, um die Amerikaner anzurufen und zu berichten, was passiert war. Der Mann, mit dem ich sprach, meinte, es sei doch eigentlich nichts passiert und vielleicht könnte ich doch noch wieder zurückgehen. Daraufhin sagte ich zum ersten Mal: NEIN! Auf gar keinen Fall. Er akzeptierte das. Ich bekam etwas Geld und durfte vorläufig in der Wohnung, wo wir uns getroffen hatten, bleiben.

Was ist Ihnen denn über diese Brüche hinaus geblieben? Was hat Sie auch weiterhin begleitet?

Liebesbedürfnis, Angst, Fleiß. Ein nicht immer sichtbares, mir selbst vielleicht gar nicht so bewusstes Durchsetzungsvermögen, das weniger darin bestand, Menschen zu widerstehen oder sich ihrem Einfluss zu entziehen, sondern eher in einer stillen Energie, auf jeden Fall durchkommen zu wollen. Es ist ja nicht unbedingt typisch, dass eine junge Frau mit 20 Jahren keine Eltern mehr hat, keine

Geschwister und sich allein durchschlagen muss. Dass mir das gelungen ist, scheint mir kein Zufall zu sein.

Warum kein Zufall?
Weil ich das ohne eine gehörige Portion Durchsetzungsvermögen nicht geschafft hätte.

Neu gekauft im KaDeWe – das Ballkleid mit den geliebten Volants

Die Unfreie in der freien Welt

1945 ist mein Verhältnis zu Deutschland kaputtgegangen. Übrig geblieben ist die fortwährende Angst vor neuem Nationalismus, vor neuem Größenwahn. Ich bin glücklich, in einer Demokratie zu leben. Aber patriotische Gefühle im Blick auf die Bundesrepublik sind mir fremd, ausgenommen vielleicht die Ära Brandt.

Doch die deutsche Sprache liebe ich über alles. Allein schon deshalb, weil ich so sprachunbegabt bin. Ich habe nur meine Muttersprache, in der ich mich ausdrücken kann, und keine andere.

Also Muttersprache ja, Vaterland nein.

Ja, das ist richtig. Vielleicht werde ich eine gute, überzeugte Europäerin.

Wie würden Sie denn den Lebensabschnitt vor Ihrer Flucht aus der DDR beschreiben?

Wenn ich an mich selbst denke in diesen Jahren, dann fällt mir ein kennzeichnendes Erlebnis ein: Eines Nachts wachte ich in meinem Zimmer in Potsdam von einem furchtbaren Gepolter auf und dachte, jetzt kommen sie, jetzt holen sie dich, jetzt verhaften sie dich. Zitternd und bebend ging ich im Nachthemd auf den Flur. Meine Zimmerwirtin kam ebenfalls heraus und öffnete die Wohnungstür, um nachzuschauen, wer diesen Lärm verursachte. Dort war aber niemand zu sehen. Die alte Dame, die über mir wohnte, hatte mit ihren Schuhen heftig auf den Boden geklopft. Sie litt unter lautem Ohrensausen und meinte, im Zimmer der «Kommunistin» unter ihr werde ein rauschendes Fest gefeiert und sie müsse die Feiernden auffordern, endlich Ruhe zu geben. Wir versuchten, ihr klar zu machen, dass es kein rauschendes Fest gegeben hatte. Und ich, die solcherart angeklagte Kommunistin, kroch wieder ins Bett und zitterte noch stundenlang am ganzen Leib vor Angst vor einer drohenden Gefahr, die gar keine gewesen war.

Ich war damals eine eigensinnige junge Frau, die keine Möglichkeit hatte, über das, was sie bedrückte und ängstigte, mit anderen zu reden. Von Angst geschüttelt und zugleich von dem perversen Wunsch getrieben, in beiden Lagern gern gehabt zu werden, von Kommunisten und von Antikommunisten.

Auf der Parteihochschule hatte ich Menschen getroffen,

die überzeugte Kommunisten waren und einer ganz anderen Ideologie anhingen als ich in der Nazizeit. Ich hatte nie gelernt, selbständig zu denken und mir eine eigene Meinung zu bilden. Und als ich in diese ganz andere, fremde Welt eintrat, bot man mir wieder ein Korsett an, einen neuen Geschichts- und Weltentwurf, in dem plötzlich die Helden meiner Kindheit, Friedrich der Große zum Beispiel, als feudalistische Kriegstreiber dargestellt wurden. Ich fand es interessant, die Welt unter dem Grundsatz «Das Sein bestimmt das Bewusstsein» neu zu betrachten, den ökonomischen Verhältnissen viel mehr Aufmerksamkeit zu widmen, die Rolle der Persönlichkeit in der Geschichte ganz anders zu bewerten. Ich habe dieses neue Weltbild mit Neugier und Interesse zur Kenntnis genommen und gedacht, wie es nun wirklich ist, das werde ich hoffentlich irgendwann in meinem Leben herausbekommen.

Es war wichtig für mich, diese Welt des Kommunismus von innen zu erleben und mich damit auseinander zu setzen. Denn dadurch erst habe ich begriffen, wie Menschen dazu kommen, sich einer Doktrin, einer Partei und anderen Menschen zu unterwerfen – womöglich gar ihr Leben dafür hinzugeben.

Zugleich aber hat mich diese Erfahrung davor bewahrt, in jenen Kommunistenhass zu verfallen, der für die Zeit des Kalten Krieges so kennzeichnend war. Man kann nicht unter Menschen leben und mit ihnen befreundet sein und sie gleichzeitig hassen. Und auch nach meiner Flucht hatte ich keinen Grund, Kommunisten fanatisch zu hassen. Nicht sie haben mich betrogen, sondern *ich sie*. Und darüber hinaus haben sie mir, wenn auch ungewollt, ermöglicht, im Westen Fuß zu fassen als Expertin für Fragen, die damals sehr wichtig waren. Es gab nur wenige Journalisten und Wissenschaftler, die etwas von der DDR verstanden. Und ich gehörte dazu.

Gab es denn überhaupt eine Identität für Sie zu der Zeit, als Sie nach Westberlin kamen?

Für andere war ich eine höhere SED-Funktionärin, die in den Westen geflüchtet war und sich vom Kommunismus losgesagt hatte; eine der unzähligen Flüchtlinge, die damals in Westberlin lebten.

Ich selbst hatte das Gefühl, endlich in der Welt angekommen zu sein, in der ich leben wollte. Aber diese Welt war mir unglaublich fremd. Ich hatte keine Maßstäbe. Wissen Sie, ich hatte immer in Kollektiven gelebt, ich hatte immer mit anderen Menschen ein Schlafzimmer und ein Arbeitszimmer geteilt – ich war eigentlich nie allein gewesen. Und nun saß ich plötzlich in einem möblierten Zimmer und merkte, dass ich mit mir selbst eigentlich gar nichts anfangen konnte.

Und dann lernte ich einen anderen Flüchtling kennen, der bei der Staatlichen Kunstkommission der DDR tätig gewesen war. Eines Tages gingen wir ins Kino, ins Maison de France, das werde ich nie vergessen. Dort gab es einen französischen Film über Toulouse-Lautrec. Als wir das Kino wieder verließen, sagte ich: «Du, Lothar, was sagt uns dieser Film?» – «Das frage ich mich auch», sagte Lothar. «Aber, Lothar, es muss doch eine ideologische Aussage geben!» – «Ja», sagte Lothar, «muss es.» – «Lothar, wir sind doch marxistisch-leninistisch geschult, wenn wir die ideologische Aussage nicht erkennen, was soll dann der ganze Film?» – «Wir werden schon noch dahinter kommen», meinte Lothar. Wir gingen schweigend weiter, bis mir plötzlich ein wahnwitziger Gedanke kam. «Lothar, darf ich dich mal was fragen?» – «Ja», sagte Lothar, «du kannst mich alles fragen.» Ich sagte: «Hältst du es für möglich – ich glaube zwar, dass es Wahnsinn ist, was ich hier sage, aber ich sage es einfach mal –, hältst du es für möglich, dass es hier Menschen gibt, die etwas machen – bloß so? Aus Spaß? Aus Freude? Aus Interesse an irgendeinem Maler?» – «Nee», sagte er, «das ist unmöglich!» Und ich: «Ja, du hast Recht, es ist unmöglich.» Aber trotzdem sehe ich in dieser Szene den Beginn meiner Selbstbefreiung: diesen Gedanken, es könnte Menschen geben, die etwas bloß aus Freude, aus Spaß an einer Sache tun.

Hat Ihnen diese erste Wahrnehmung von Freiheit Angst gemacht?

Ja. Ich hatte schließlich nie gelernt, mir über irgendetwas ein eigenes Urteil zu bilden. Schon die Zeitung morgens verwirrte mich. Die Parteien konnte ich nicht unterscheiden. Ja, ich wusste, die CDU, das ist die Partei Adenauers, die wollen die Westintegration, und die SPD stellt die Opposition, die wollen den Sozialismus. Dafür war ich übrigens auch. Das hatte ich mitgenommen aus der DDR, dass der Sozialismus an und für sich eine gute Sache ist, aber mit Demokratie verbunden werden muss. Aber schon die FDP! «Liberal» – das Wort hatte ich noch nie gehört. Inzwischen weiß ich, dass es tatsächlich schwer ist, dahinter zu kommen, was die Liberalen wollen. Aber damals hat es mich fertig gemacht. Ich dachte, Kinder, du lebst hier in dieser Welt, und die Leute wählen FDP, und du hast keine Ahnung, was das ist. Es war schrecklich.

Als ich mich an der Universität für das Studium der politischen Wissenschaft einschrieb, drückte mir die Sekretärin ein Vorlesungsverzeichnis in die Hand. «Was soll ich denn damit?», fragte ich sie irritiert. «Suchen Sie sich aus, welche Vorlesungen Sie hören, welche Seminare Sie besuchen wollen.» Ich daraufhin: «Nehmen Sie es mir nicht übel, aber ich muss Ihnen sagen, das ist wirklich besser in der DDR, da wird einem gesagt, was man in jedem Semester lernen soll.»

Wie kann man es sich erklären, dass Sie eigentlich in höchstem Maße unselbständig waren, obwohl Sie sich eine ganze Zeit lang unter schwierigen Umständen allein durchschlagen mussten?

Ich war sehr unselbständig. In meinem Leben war es nie darauf angekommen, sich eine eigene Meinung zu bilden, sie war gar nicht gefragt. Andere Dinge waren gefragt, aber das nicht. Und nun kam ich zum ersten Mal in eine bürgerliche Welt, traf auf Menschen, die sehr selbstbewusst auftraten und auf eine Art miteinander umgingen, die ich nicht kannte.

Und dann meine Sucht, einen Menschen zu finden, der mich liebt! Ich dachte, wenn ich nun keine Mutter mehr habe, dann muss ich mir eben eine suchen. Wo findet man die? Bei den Zimmerwirtinnen. Und so umwarb ich jede meiner Wirtinnen so lange, bis sie überzeugt war, dass der liebe Gott mich zu ihr geschickt hatte, um ihre Tochter zu sein.

Wie sah anfangs Ihr Alltag aus?

Ich war sehr allein. Ab und zu besuchte mich meine Wirtin aus Potsdam. Oder meine neue Zimmerwirtin kümmerte sich um mich. Morgens ging ich in meine Vorlesungen oder Seminare an der Universität oder an der Hochschule für Politik. Mit den Studenten hatte ich wenig Kontakt, die waren sehr viel jünger als ich. Ich war immerhin schon 25.

Und wie verdienten Sie Ihren Lebensunterhalt?

Ich wurde erst Hilfsassistentin, dann Assistentin am Institut für politische Wissenschaft, wenn ich mich richtig erinnere, schon im zweiten Semester. Auf dem Arbeitsamt wurde ich ziemlich beschimpft: Es gäbe schließlich so viele, die ihr Studium bereits beendet hätten, wie ich dazu käme, nach so kurzer Studienzeit eine Assistentenstelle zu bekommen. Aber dafür hatte das Institut für politische Wissenschaft gesorgt, das meine neue Heimat wurde. Ich bin jeden Morgen ins Institut gegangen und habe die SED-Presse ausgewertet und angefangen, über die SED zu arbeiten.

Also die Zeit in der DDR war jetzt Ihr großes Kapital.

Genau, und dann hatte ich das Glück, Dr. Ernst Richert, meinen Abteilungsleiter, an meiner Seite zu haben, der mich lehrte, ein System von außen zu betrachten, nach Gesichtspunkten, auf die ich selbst gar nicht gekommen wäre. Ich lernte in dieser Zeit, so etwas wie ein kritisches Bewusstsein zu entwickeln. Aber das war ein langer und schwerer Weg. Ich war unglücklich und dachte oft an Selbstmord. Wenn ich in einem Aufzug in den vierten Stock fuhr, dann guckte ich von oben übers Treppengeländer und dachte, wenn du dich jetzt hier hinunterstürzt, ist alles vorbei. Ist alles gut.

Suizidgedanken.
Ja.

Haben Sie mit irgendjemand darüber gesprochen?
Nein.

Wann haben Sie das erste Mal erfahren, dass Sie durch die Staatssicherheit der DDR entführt werden sollten?
Meines Erachtens war das 1954. Da kam ein Polizist zu mir und berichtete mir von der Verhaftung zweier Männer, die gestanden hätten, dass ich von ihnen hätte entführt werden sollen. Die Staatssicherheit glaubte offenbar, ich arbeitete für den High Commissioner of Germany, also bei der höchsten Dienststelle der Amerikaner in Deutschland, wo es auch eine so genannte DDR-Abteilung gab, von der ich allerdings nicht einmal wusste, geschweige denn, dass ich für sie arbeitete. Aber wegen meiner Veröffentlichungen im «SBZ-Archiv», meiner Kommentare für den SFB und den Rias und meiner Bücher über die SED hatten sie wohl bei der Stasi das Gefühl, ich sei von zentraler Bedeutung für die Unterwanderungsarbeit, und sie müssten mich unbedingt kriegen.

Codewort «Frühling».
Ja. Ich habe im Institut von dem Polizeibericht erzählt und erfuhr dann, dass Nachbarn des Instituts auch schon berichtet hätten, dass vor ihrem Haus ein Wagen mit zwei Leuten stünde, die offensichtlich die Eingangstür des Instituts beobachteten. Aber diese Nachricht geriet an jemanden, der damit nichts anzufangen wusste und das nicht weitergegeben hatte.

Wie haben Sie denn reagiert, als die Polizei davon erzählte?

Ich hatte Angst. 1953 war Rechtsanwalt Walter Linse überfallen und aus Westberlin entführt worden. Sein Fall hatte großes Aufsehen erregt. Fortan drückte ich mich auf dem Heimweg immer an den Wänden der Häuser entlang, möglichst weit entfernt von der Straße, und wenn ein Auto in meiner Nähe stoppte, fing ich schon an zu laufen. Ich hatte Angst, abends alleine ins Kino oder von der U-Bahn nach Hause zu gehen.

Meinen Stasiakten habe ich später entnommen, dass ein Mitarbeiter der Staatssicherheit mich monatelang beschattet hat.

Der Mann hieß Hugo. Und sein Job war ziemlich langweilig. So fing Hugo an, sich Geschichten auszudenken. Eines Tages, so steht es in meinen Akten, hätte er mich am Arm eines hohen, mit lauter Orden dekorierten amerikanischen Offiziers aus dem Institut kommen sehen, und wir beide seien stolz in das Kino «Outpost» in der Clayallee gegangen. Und oft sei ich heimlich aus dem Institut in die amerikanischen Dienststellen in der Clayallee geschlichen.

Aber irgendwann wollte Hugo auch mal Urlaub machen, und so behauptete er in seinem Bericht, er hätte in der U-Bahn, direkt neben mir sitzend, gehört, wie ich einer Kollegin erzählte, dass ich jetzt drei Wochen in die Ferien führe.

Als Hugo dann aber meinte, genau herausgefunden zu haben, wann ich komme und gehe, wurden zwei Kriminelle beauftragt, mich im Auto zu entführen, sobald Hugo die Mütze ziehen und damit das verabredete Zeichen geben würde. Aber bevor es dazu kam, erhielten die beiden Kriminellen einen neuen Auftrag, nämlich einen geflüchteten Stasioffizier zu kidnappen, dessen Tochter sich bereit erklärt hatte, ihren Vater in Westdeutschland zu besuchen und so seine Entführung einzuleiten. Dieser Mann, Sylvester Moor, wurde in der DDR hingerichtet.

Dann tauchte noch ein falscher Kronzeuge auf.

Ich schrieb damals an einem Buch über den Freien Deutschen Gewerkschaftsbund. Richert kannte einige Leute von der Flüchtlingsaufnahmestelle in Marienfelde, denen er von dem Projekt erzählte und die er bat, wenn bei ihnen Flüchtlinge einträfen, die uns für diese Arbeit nützlich sein könnten, sollten sie uns darauf hinweisen, damit wir sie interviewen könnten.

Und so kam bald darauf ein Mann zu mir ins Institut, der Kreisvorsitzender des FDGB gewesen war. Ich war froh, mit einem Insider über das Thema sprechen zu können, und gab ihm mein Manuskript zu lesen. Dieser Mann ist, wie ich meiner Stasiakte entnommen habe, in der Folgezeit wieder in die DDR zurückgegangen und schließlich verhaftet worden. Ich nehme an, dass er bei seiner Vernehmung über alle befragt wurde, mit denen er in Westberlin zusammengekommen war, und dabei wird auch mein Name gefallen sein. Vermutlich haben sie ihm geraten, alles, aber auch wirklich alles über mich auszupacken. Und so hat er mich in seinem phantasievollen Geständnis zur Leiterin eines titoistisch-trotzkistischen Agentenringes gemacht.

Sie waren inzwischen erwachsener und in Ihrem politischen Denken selbständiger geworden.

Ja, mit der Zeit hatte ich ein eigenes Bild von der DDR und der SED gewonnen, und meine damaligen Kommentare waren unvergleichlich sachlicher als die vieler kalter Krieger.

In dem Kreis der sozialdemokratischen Mitarbeiter des Instituts fühlte ich mich intellektuell zu Hause. Einige mussten, weil sie Juden oder Sozialdemokraten waren, 1933 nach Amerika emigrieren, waren nun aber, zwölf, fünfzehn Jahre später, wieder nach Deutschland zurückgekehrt. Es waren Menschen, die geprägt waren vom Geist der Arbeiterbewegung in den zwanziger Jahren, zu der ja sehr viele Intellektuelle gehört hatten. Diese Leute haben mich sehr beeinflusst.

Man traf sich in einem kleinen Kreis, den mein Lehrer, Professor Flechtheim, um sich versammelt hatte, und diskutierte über Politik. Wir träumten von einer sozialistischen Gesellschaftsordnung für ganz Deutschland und sahen uns als Intellektuelle, die auf ihre Weise dazu beitrugen, neue Ideen zu entwickeln und ein neues Bewusstsein zu bilden, um ein, wie August Bebel es mal ausgedrückt hat, «Vaterland der Liebe und Gerechtigkeit zu schaffen, soweit das auf Erden möglich ist».

Adenauers Politik der Westintegration hielten wir für falsch, weil sie, so meinten wir, nicht die Wiedervereinigung bringen würde, sondern die immer stärkere Spaltung, besonders auch innerhalb Deutschlands. Wir waren auf der Suche nach dem so genannten Dritten Weg, einem – im Gegensatz zum Ostblock – demokratischen Sozialismus, und sahen Deutschlands Zukunft in der konsequenten Neutralität zwischen den Blöcken, nicht wie Adenauer in der Westbindung.

Als dann Ende der fünfziger Jahre die Forderung aufkam, auch Deutschland mit Atomwaffen auszurüsten, glaubte die SPD, in die ich inzwischen eingetreten war, eine große Volksbewegung dagegen mobilisieren zu können, gleichsam die erste Friedensbewegung, und erhoffte sich, damit auch neue Wählerschichten zu gewinnen. Ich kann mich an eine große Demonstration auf dem Kurfürstendamm erinnern. Theologen und Politiker sprachen sich für eine friedliche Anwendung der Atomenergie aus, aber gegen Atomwaffen.

Da hatten Sie zum ersten Mal das Gefühl, eine eigenständige politische Heimat gefunden zu haben?

Ich habe offenbar mein ganzes Leben lang nach einer politischen Heimat gesucht. Dass das A und O des Journalisten absolute parteipolitische Unabhängigkeit sein muss, habe ich erst spät begriffen. Heute halte ich es für das Wichtigste, was man jungen Journalisten mit auf den Weg geben kann.

Es gibt ja einige Schlüsselerlebnisse in Ihrem Leben, eines ist die Geburt der Carola Stern, die ja auch in diese Zeit fiel. Ein Leben mit zwei Namen zu führen, das ist schon eine ganz besondere Entscheidung.

Für mich war das nicht so ungewöhnlich. Ich wusste, wie das war. Sie werden ja wohl nicht im Ernst geglaubt haben, dass ich in den konspirativen Wohnungen unter meinem wahren Namen aufgetreten bin. Nie wurde ich den Wirtsleuten mit meinem wirklichen Namen und meiner wirklichen Identität vorgestellt, sondern als Sekretärin Soundso irgendeiner amerikanischen Dienststelle. Ob die das geglaubt haben, weiß ich nicht.

Als ich dann meine ersten Artikel und Kommentare schrieb, wollte ich die nicht unter meinem Namen veröffentlichen, um die Staatssicherheit nicht auf mich aufmerksam zu machen. Deshalb zeichnete ich sie mit drei Sternen. Eines Tages reichte mir die Bibliothekarin des Instituts das Telefon: «Fräulein Assmus, ein Anruf für Sie aus Köln.» Der Chefredakteur der Zeitschrift, für die ich oft schrieb, war dran und meinte: «Fräulein Assmus, so geht das nicht weiter mit diesen drei Sternen. Wenn Sie nicht mit Ihrem wirklichen Namen zeichnen wollen, dann müssen Sie sich ein Pseudonym zulegen.» Neben mir stand die Bibliothekarin. Ich hatte noch den Hörer in der Hand und fragte sie: «Ich soll mir ein Pseudonym aussuchen, was soll ich denn nur sagen? Es geht nicht mehr mit den drei Sternen.» Und da sagte sie: «Na, dann sagen Sie doch einfach Stern.» Ich sagte: «Gut. Also, ich möchte Stern heißen.» – «Aber dann müssen Sie sich auch noch einen Vornamen ausdenken», sagte der Chefredakteur. Ich war damals eine große Verehrerin von Carola Neher, der ersten Polly in der Dreigroschenoper. Also entschied ich mich für Carola, und fortan erschienen meine Artikel unter Carola Stern.

Später hat man mir vorgeworfen, ich als ehemalige Nazisse hätte mir aus opportunistischen Gründen diesen Namen zugelegt. Dabei wusste ich überhaupt nicht, dass es ein jüdischer Name war. Erst als ich vor einem evangelischen Arbeitskreis in Westdeutschland einen Vortrag über die DDR hielt, fragte mich der Pfarrer: «Wie heißen Sie? Stein oder Stern?» Ich sagte: «Stern.» – «Ach», erzählte er, «wir hatten auch ein paar Judenjungen in unserer Klasse, nette Jungs waren das.» Ich: «Aber ich bin gar nicht jüdisch.» Das verwirrte ihn. Etwas später wurde ich bei einer Tagung von einem Teilnehmer angesprochen: «Nehmen Sie es mir nicht übel, ich habe wirklich nichts gegen Juden,

Die FU-Studentin – das Wort «liberal» hörte ich hier zum ersten Mal.

aber sie sind doch anders als Nichtjuden.» Und dann sagte er: «Auch Sie haben diese Eigenart, mit Händen und Füßen zu reden. Ja, ja, die jüdischen Weiber, die machen schon verrückte Sachen – nun beschäftigt sich eine auch noch mit der DDR!»

Hat Sie das nicht gestört?
Ach nein.

Oder hat es Sie vielleicht geehrt?
Nein, es hat mich auch nicht geehrt. Ich hatte viele jüdische Freunde, Ossip Flechtheim zum Beispiel, meinen Professor, oder Richard Löwenthal mit seiner Frau, die zu mir sagte: «Also, Carola, sag mal, hast du noch alle Tassen im Schrank? Musstest du dir auch noch freiwillig einen jüdischen Namen wählen?» Und ich antwortete: «Kinder, ich kann nichts dafür. Ich hab es nicht gewusst. Und nun noch mal einen neuen Namen, das will ich nicht.» Ich bin im Laufe der Jahre in diesen Namen hineingewachsen und wirklich Carola Stern geworden.

Was haben Sie denn mit diesem zweiten Namen begraben?
Nichts. Ich konnte meine Kindheit nicht begraben, ich konnte überhaupt nicht meine Vergangenheit begraben. Ich habe ein neues Leben angefangen. Man kann auch dann ein neues Leben anfangen, wenn man das alte nicht vergräbt.

Bald darauf schmissen Sie Ihr Studium hin.
Warum?

Ich hatte die Nase voll. Von allem. Von der Wissenschaft, von der Universität. Ich hatte es satt, jeden Morgen die Bezirkspresse der SED zu lesen und das «Neue Deutschland». Ich hatte die unzähligen Tanten und Zimmerwirtinnen satt, die ich um mich geschart hatte. Ich hatte schon zweimal in meinem Leben neu angefangen, und ich fand, es sei wieder Zeit dafür. Ich wollte immer noch in die große weite Welt hinaus und dachte, ich muss weg aus Berlin, auch wegen der Gefahr, entführt zu werden.

Sie brachen Ihre Zelte ab, um sich fortan als freie Journalistin durchzuschlagen. 1959 kamen Sie nach Japan, zu einem Antiatomkongress. Können Sie sich noch an den Tag erinnern, an dem Sie in Hiroshima ankamen?

Ich fuhr nachts mit dem Zug von Tokio nach Hiroshima, und in diesem Zug waren viele Europäer, die auch nach Hiroshima wollten, unter anderem eine DDR-Delegation und auch eine Delegation aus der Bundesrepublik.

Wir kamen morgens an. Ich hatte sofort ein beklemmendes Gefühl, als hinge die Bombe immer noch über der Stadt und könnte jeden Augenblick noch einmal fallen. Als bedrohe sie diese Stadt, solange in ihr noch Leben existierte. Ich konnte mich nicht von diesem Eindruck befreien.

Nie werde ich den Anblick der Kathedrale von Hiroshima vergessen, die bei dem Angriff zerstört worden war. Auf den Stufen, die zur Kathedrale hinaufführten, sah man noch schwarze Flecken. Das seien Schatten von Menschen, die dort während des Angriffs gesessen hätten und verbrannt wären, erklärte uns jemand. Wir besuchten das Krankenhaus, in dem immer noch Opfer des Angriffs in ihren Betten lagen. Man wusste, die würden bis ans Ende ihres Lebens dort liegen. Sie bastelten kleine Puppen, die sie uns schenkten. Ich habe meine Puppe sehr, sehr lange aufbewahrt. Ich war voller Mitleid für die Opfer und voller Feindseligkeit gegen all jene, die für die Bombe verantwortlich waren – die Wissenschaftler, die sie erbaut hatten, die Piloten, die sie abgeworfen hatten, die amerikanische Regierung, die sie eingesetzt hatte.

Als ich mich für die Tagung anmelden wollte, wurde mir die Teilnahme verweigert, da ich keine offizielle Delegierte war. Es sei eine geschlossene Konferenz und an der könne nicht jeder teilnehmen. Darauf war ich nicht vorbereitet und stand nun ziemlich hilflos da. Ein Japaner riet mir, mich doch an die westdeutsche Delegation zu wenden. So kam ich zu Herrn Schroers, der mich zur westdeutschen Delegierten machte.

Und dann begann der Kongress. Es wurde englisch gesprochen, und ich konnte kaum folgen, weil ich die ganzen Fachausdrücke nicht kannte. Die Atomwaffenpolitik der amerikanischen Regierung wurde heftig angegriffen, so viel verstand ich. Und damit war ich einverstanden, nicht aber damit, dass kein Wort über die sowjetische Atomwaffenpolitik verloren wurde. Als ich mich mit Schroers und zwei englischen Delegierten darüber austauschte, beschlossen wir, einen Antrag einzubringen, dass sich der Kongress auch gegen die sowjetische Atomwaffenpolitik wenden und der Nachricht nachgehen möge, dass auch die Chinesen beabsichtigten, eine Atombombe zu bauen. Der Kongress weigerte sich, diesen Antrag anzunehmen, und wir hatten mehr und mehr das Gefühl, hier fände eine reine Propagandaveranstaltung statt, der es nur darum ginge, die Amerikaner öffentlich anzugreifen. Wir reisten unter Protest ab.

Das löste einen ziemlichen öffentlichen Wirbel aus. Wir wussten nicht, dass die Antiatomkongresse in Hiroshima ganz in der Regie der Kommunistischen Partei Japans lagen. Für die Antikommunisten in Japan war es nun ein großer Triumph, dass vier Teilnehmer erklärten, das machen wir nicht mit. Wir wurden zu Figuren der antikommunistischen Propaganda und des Kalten Krieges. Es entstand eine Situation, der ich mich überhaupt nicht gewachsen fühlte. Die deutsche Botschaft bat uns dann nachdrücklich darum, in Tokio eine Pressekonferenz zu geben und einige Dinge klarzustellen. Schroers und die beiden Engländer reisten danach ab, und ich blieb verwirrt zurück. Dauernd wurde ich um Interviews gebeten und hatte ständig das Gefühl, dass ich von anderen für ihre Zwecke benutzt werden sollte. Damit kam ich nicht zurecht. Und dann mein Englisch! Das war immer noch unvollkommen. Es war alles furchtbar.

Das war eine Art von Aufmerksamkeit, die Ihnen nicht recht war?

Nein, absolut nicht. Ich blieb noch bis Anfang September in Tokio und wohnte in einem so genannten Internationalen Haus, wo man billig unterkommen konnte. Auf einem der Botschaftsempfänge lernte ich die Korrespondentin der «Neuen Zürcher Zeitung», Lily Abegg, kennen, eine eindrucksvolle Frau. Es vergingen keine vierzehn Tage, und ich hatte schon wieder eine neue Mutter, nämlich Lily.

Sie besaß ein Haus am Meer, in der Nähe von Tokio, und da nahm sie mich oft mit hin. Wir machten lange Wanderungen, auf denen Lily mir von morgens bis abends erklärte, was ich alles können müsste, um eine erfolgreiche Auslandskorrespondentin zu werden. Japan allerdings sei ausgesprochen schwer zu verstehen, ich würde wohl einige Zeit brauchen, um in diesem Land Boden unter den Füßen zu gewinnen. Sie war sehr viel älter als ich, und ich bin nicht sicher, ob sie in mir auch so etwas wie eine jugendliche Konkurrentin sah. Sie nahm mich oft mit in den Internationalen Presseclub und kümmerte sich rührend um mich, aber ich war ihr noch hilfloser ausgeliefert als den Damen in Westberlin, weil ich von dem Land, in dem ich war, nun wirklich keine Ahnung hatte.

Sie sind immer wieder sehr schnell unter den Einfluss anderer Leute geraten.

Ich glaube, dass ich sie unbewusst dazu provoziert habe. Ich war ein sehr unpraktischer Mensch, und natürlich war es mir angenehm, so unterstützt zu werden, eingeladen und bekocht zu werden. Es war angenehm, mich mit anderen Menschen zu unterhalten, Ratschläge einzuholen, und hinzu kam, ich hatte immer Schwierigkeiten, nein zu sagen. Eine meiner Zimmerwirtinnen hatte mir einmal einen Hut für den Urlaub genäht. Andere hätten vielleicht den Mut gehabt zu sagen, es tut mir schrecklich Leid, Sie haben sich so viel Mühe gegeben, aber ich finde, mir steht der Hut nicht. Ich konnte das nicht. Stattdessen zog ich mit diesem Hut los, die Treppe hinunter bis auf die Straße, und kaum war ich um die Ecke, verstaute ich den Hut im Koffer und holte ihn wieder hervor, als ich aus dem Urlaub zurückkam. Ich konnte mich einfach nicht wehren.

Tokio 1959, unmittelbar vor der großen Lebenskrise

In Tokio gerieten Sie in eine echte Lebenskrise.

Ja. Lily war es, die mir einen folgenschweren Satz sagte, der sich auf furchtbare Weise bewahrheiten sollte: «Wie schrecklich muss es sein, wenn man geglaubt hat, aus seinem bisherigen Leben fliehen und ein neues Leben beginnen zu können, und dann feststellen muss, dass alle Probleme, denen man entkommen wollte, mit einem gereist sind, bis ans Ende der Welt.» Und so war es. Ich stand da, auf dem Marktplatz von Tokio, und musste erkennen: Ja, so war es.

Sie schrieben damals Tagebuch, am 23. August brachen Sie das ab.

Ich besuchte eines Tages eine Tempelstadt in der Nähe von Tokio, als ich deutlich spürte, wie schlecht es mir ging. Ich hatte mir von dieser Japanreise etwas ganz anderes erhofft. Mit dem «Vorwärts» und verschiedenen Rundfunksendern hatte ich Vereinbarungen getroffen, aufregende Reportagen und Berichte von unterwegs zu liefern. Und nun merkte ich, dass ich dazu gar nicht in der Lage war. Ich konnte nicht schreiben. Nicht über diese Tempelstadt, nicht über das Leben in Japan, nicht über die Japaner, die ich gar nicht verstand. Ich konnte nicht einmal mehr sagen, warum ich überhaupt nach Japan gegangen war. Ich war im Nirgendwo gestrandet und wusste nicht mehr weiter. Ich fühlte mich rundherum als Versagerin. Ich konnte nicht schreiben, ich hatte Angst vor den Journalisten, die mich immer noch nach dem Antiatomkongress fragten, ich hatte als Studentin versagt und als Journalistin. Ich dachte, das ist nun das Ende.

Und da hab ich Zigaretten aufgeschnitten, den Tabak in ein Glas geschüttet, Wasser drauf, und dann hab ich das Zeug getrunken. Ich dachte, vielleicht werde ich ohnmächtig oder bekomme schwere Magenkrämpfe und dann würde sich die deutsche Botschaft schon um mich kümmern. Aber nichts dergleichen geschah. Ich glaube nicht, dass ich sterben wollte, aber ich wollte mich sozusagen außer Gefecht setzen.

Sie wollten gerettet werden.

Ich wollte eine Situation herbeiführen, in der andere für mich verantwortlich waren, denn ich selbst wusste nicht mehr, wie es weitergehen sollte.

Und dann bin ich mit letzter Kraft nach Berlin zurückgefahren. Von dort aus wandte ich mich Arbeit suchend ans SBZ-Archiv in Köln, sie machten mir tatsächlich ein Angebot. Meine Tante war bereit, mit mir nach Köln zu fahren, aber als es losgehen sollte, habe ich mich aufs Bett gelegt und so getan, als sei ich ohnmächtig. Ich hatte solche Angst, wieder zu versagen. Meine Tante hat dann einen Krankenwagen gerufen, und mir wurde der Magen ausgepumpt, obwohl ich, glaube ich, gar nichts genommen hatte. Ich galt als selbstmordgefährdet und wurde in eine psychiatrische Anstalt eingewiesen, wo ich das Zimmer mit einer geistesgestörten 80-jährigen Greisin teilte, die wirr auf mich einredete und mir Angst machte. Meine Freunde, die Flechtheims, haben dann dafür gesorgt, dass ich in eine andere Nervenklinik kam.

Sie waren am entferntesten Punkt angekommen. Sie waren in Ihrem Leben noch nie so weit weg gewesen wie in Tokio, aber auch noch nie so extrem auf sich selbst zurückgeworfen wie dort. Sehen Sie da Zusammenhänge?

Was ich 1945 erlebte, war ein Schicksal, das ich mit unzähligen Menschen teilte. Ein Kollektivschicksal. Jeder versuchte, irgendwie zu überleben. Es war auch ein Kollektivschicksal, aus der DDR zu flüchten und neu anzufangen, Tausende taten das. Beide Neuanfänge waren geglückt. Ich hatte dadurch eine gewisse Selbstsicherheit gewonnen. Aber diesmal hatte ich mich überschätzt. Ich hatte geglaubt, vor meinen Problemen davonlaufen zu können. Ich hatte geglaubt, eine fähige Journalistin zu sein. Schließlich hatte ich doch schon unzählige Artikel und Kommentare geschrieben! Das aber waren Themen gewesen, von denen ich viel verstand. Für eine andere Art der journalistischen Arbeit fehlten mir wichtige Voraussetzungen – Spontaneität, Originalität, die Fähigkeit, sich in fremden Situationen zurechtzufinden, und hinzu kam das Sprachproblem. Ich hatte immer noch nicht gut genug Englisch gelernt. Ich hatte mich selbst überfordert.

Es war das erste Mal, dass Sie das Gefühl hatten, gescheitert zu sein?

Ja, es war das erste Mal in meinem Leben. Als das SBZ-Archiv sein Angebot wiederholte, dort als Redakteurin zu arbeiten, dachte ich, du musst es versuchen, es ist die einzige Chance, die dir bleibt. Mein Arzt warnte mich: «In vier Wochen sind Sie wieder hier, aber kränker als jetzt.» – «Das mag sein», antwortete ich, «aber dann habe ich es wenigstens versucht.»

Und dann sind Sie wieder auf Ihre DDR-Vergangenheit zurückgekommen?

Das war schrecklich, in Köln wieder genau dort anzufangen, wo ich aufgehört hatte. Wieder musste ich «Neues Deutschland» lesen, wieder musste ich mich mit der DDR beschäftigen!

In der ersten Zeit wohnte ich bei einer Kollegin, dann fand ich ein kleines, spärlich eingerichtetes Zimmer vor den Toren einer alten romanischen Kirche, im Hinterhof war eine laute Tischlerei, auf dem Flur stand mein Kocher. In der Redaktion machte ich gleich zu Anfang klar, dass ich nur unter der Bedingung nach Köln gekommen sei, nicht mehr schreiben zu müssen, denn schreiben könnte ich nicht mehr. Ich würde aber gern die Presse auswerten und Artikel redigieren oder mit Autoren korrespondieren. Dabei war ich nicht mal sicher, ob ich zumindest das könnte. Denn meine Beherrschung der deutschen Rechtschreibung und Grammatik war alles andere als perfekt. Ich gab in der Zeitung eine Annonce auf, und es meldete sich ein Studienrat, der bereit war, mir Nachhilfeunterricht zu erteilen.

Ich war sehr menschenscheu damals. Und ich hatte, wie es schon häufiger mal passiert war, Sprachschwierigkeiten. Mir fehlten oft die richtigen Worte, ich konnte mich nicht artikulieren, nicht gut ausdrücken. Das machte mich unsicher. Am liebsten saß ich in meinem kleinen Zimmer und las. Mit einer ehemaligen Mitpatientin aus der Klinik korrespondierte ich. Wir tauschten unsere Erfahrungen aus, denn auch sie war inzwischen entlassen worden. Und in einem ihrer Briefe stand der Satz: «Ich habe gelernt, dass wir unser ganzes Leben lang die Angst nicht verlieren werden, sondern lernen müssen, mit der Angst zu leben.» Das war für mich wie eine Offenbarung! Genauso ist es, dachte ich. Ich werde die Angst nicht loswerden, ich muss versuchen, mit ihr zu leben.

Sie waren sehr einsam in dieser Zeit?

Ich war völlig davon absorbiert, mit den praktischen Anforderungen des Lebens fertig zu werden. Ich konnte nicht bügeln und nicht einkaufen, und um die Arbeit in der Redaktion der Zeitschrift zu bewältigen, musste ich oft bis sieben oder acht Uhr abends bleiben. Ich kann mich nicht erinnern, dass ich jemals ausgegangen bin. Ich habe zu Hause gesessen, gelesen, dann mein Bett aufgeschlagen und bin schlafen gegangen.

Die SED-Expertin an ihrem Lieblingsplatz, dem Schreibtisch

Liebe auf Zeit

Was war denn Liebe für Sie in dieser Zeit?

Hören Sie auf, immer nach Liebe, Liebe, Liebe zu fragen, Liebe spielte in diesen Jahren keine Rolle! Ich kämpfte ums Überleben! Und dabei war es viel wichtiger, Menschen zu haben, denen man vertrauen konnte. Ich kann mich nicht erinnern, einen Mann gesehen zu haben, von dem ich gesagt hätte: «Oh, ist der aber hübsch. Den möchte ich unbedingt kennen lernen.» Die Männer, die ich kannte, waren meistens ältere, gesetzte Herren und alle verheiratet. Es war sehr schwer damals, einen Freund zu finden. Viele Männer meiner Generation waren im Krieg geblieben. Als Liebhaber standen fast nur verheiratete Männer zur Verfügung.

Was haben Sie sich in Ihrer Jugend eigentlich unter der großen Liebe vorgestellt?

Genaues wusste ich nicht, denn als Fünfzehn- oder Sechzehnjährige hatte ich sie noch nicht erlebt. Aber ich war sicher: Man spürt es, wenn sie da ist. Und ich dachte, wenn ich jemanden sehr, sehr lieb habe, dann ist doch gar nicht einzusehen, warum ich mich dieser Liebe nicht auch hingeben sollte. Als ich dies einmal freimütig unter meinen Klassenkameradinnen äußerte, kam tags darauf eine Mitschülerin zu mir: «Es tut mir Leid, Erika Assmus, aber mit dir darf ich nicht mehr sprechen.» – «Und warum nicht?» – «Meine Eltern haben es verboten. Ich hab ihnen erzählt, was du für Auffassungen vertrittst! Mit so einem verkommenen Mädchen, haben sie da gesagt, darfst du keinen Umgang haben.»

Aber woher hatten Sie eine solche Auffassung? Die ist doch nicht vom Himmel gefallen.

Erscheint Sie Ihnen denn nicht auch vernünftig?

Aus heutiger Sicht sicherlich. Aber aus damaliger Sicht war das doch kaum laut zu denken?

Na, also, ich hatte noch ganz andere Auffassungen! Als ein Mädchen aus unserem Dorf ein uneheliches Kind bekam, sagte meine Mutter: «Margot ist für mich erledigt.» Ich daraufhin zu meiner Mutter: «Mutti, nun stell dir doch mal vor, Margot hat sich in einen Matrosen verliebt, und der sagt zu ihr, Margot, jetzt fahren wir hinaus in den Krieg, und vielleicht komme ich nicht wieder. Könntest du mich nicht noch einmal sehr, sehr lieb haben? Und das hat Margot getan, und nun kriegt sie ein Kind. Was ist denn dabei?» Meine Mutter war entsetzt: «Um Gottes willen, so eine bist du!» Das hat mich sehr gekränkt. Von da an fühlte ich mich in Liebesfragen unverstanden von meiner Mutter.

Und dann fiel mir ein Gedicht in die Hände, Goethes *Selige Sehnsucht*. Und als ich das gelesen hatte, dachte ich, ja, so ist die Liebe. Es geht so: «Sag es niemand, nur den Weisen, weils die Menge gleich verhöhnet, Das Lebendge will ich preisen, das nach Flammentod sich sehnet. In der Liebesnächte Kühlung, die dich zeugte, wo du zeugtest, überfällt dich fremde Fühlung, wenn die stille Kerze leuchtet. Nicht mehr bleibest du umfangen in der Finsternis Beschattung, und dich reißet neu Verlangen auf zu höherer Begattung. Keine Ferne macht dich schwierig, kommst geflogen und gebannt, und zuletzt, des Lichts begierig, bist du, Schmetterling, verbrannt. Und so lang du das nicht hast, dieses: Stirb und werde! Bist du nur ein trüber Gast auf der dunklen Erde!» Ich dachte, das ist die Liebe. Und noch heute denke ich so.

Wann sind Sie denn das erste Mal geküsst worden?

Ich glaube, da war ich siebzehn. Auf einem Spaziergang. Es war ein scheuer Kuss eines schüchternen SS-Soldaten, der bei uns einquartiert war und nach Norwegen geschickt wurde. Ich lud ihn zum Kaffee bei meiner Mutter ein, und bei jedem Keks, den er nahm, sagte er immer: «Ich bin so frei. Ich bin so frei.» In dem Alter hatte meine Freundin,

Das Badegastkind: Amelie Litwin als kleine Erika Assmus.

Mit der Mutter (Petra Zieser) am Strand von Ahlbeck.

Erika Assmus mit ihrem Onkel Hans (Henning Peters).

Eine Hitler-Rede wird im Radio übertragen.

«Dem Onkel Hans sein Führer ist dran!»

Petra Zieser als Ella Assmus.

Erika Assmus (Samira Bedewitz) als Jungmädelführerin.

Erika Assmus (Maria Simon) mit ihrer Mutter auf der Flucht.

Sie finden Unterschlupf auf einem Bauernhof bei Wismar.

Berlin 1948: Mr. Becker (August Zirner) wirbt Erika Assmus als Agentin an.

Erika mit ihrem «Schülerehemann» Fritz (Felix Eitner) in Kleinmachnow.

Verhör vor der Prüfungskommission der Parteihochschule.

Erika Assmus unter Rechtfertigungsdruck.

Erika Assmus als Assistentin von Dr. Ernst Richert (Burghart Klaußner) an der FU in West-Berlin.

Carola Stern (Renate Krößner) mit ihrem späteren Ehemann Heinz Zöger (Uwe Kockisch) auf einem Spaziergang 1960: der Beginn einer großen Liebe.

Carola Stern und Heinz Zöger in einem Berliner Hotel nach dem Fall der Mauer.
Im Hintergrund: die «echte» Carola Stern im Sommer 2003 bei den Dreharbeiten zu «Doppelleben».

Trautchen Peterleuss schon einen festen Freund, und einige andere aus meiner Klasse waren schon fast verlobt. Ich hatte das Gefühl, bei Männern kein Glück zu haben.

Liebe war aber trotzdem ein interessantes Thema?
Schon deshalb, weil Trautchen Peterleuss, die viel schöner war als ich und sehr anziehend auf Männer wirkte, wahre Liebestragödien durchlitt. Ich begriff bald, dass mir in diesem Theater gar keine andere Rolle blieb als die der verständnisvollen Freundin. In die habe ich mich dann eingefühlt und sowohl den jeweiligen Liebhaber als auch Trautchen beraten. Aber ich war natürlich unglücklich, dass ich selbst nicht geliebt wurde und auch nicht Liebende war.

Und warum hat das bei Ihnen nicht geklappt?
Ich war einfach nicht attraktiv. Trautchen Peterleuss war immer sehr schick angezogen, ich hingegen legte keinen großen Wert auf Kleidung. Ich war nicht adrett. Und meine vorstehenden Zähne machten mich auch nicht gerade hübscher.

Als ich so Mitte zwanzig war, zeigte Tante Lisbeth mir einen seidenen Unterrock: «Der ist für dich bestimmt, als Hochzeitsgeschenk, aber ich warte immer noch darauf, wann du endlich einmal mit einem Freund ankommen wirst.» Tante Lisbeth meinte auch zu wissen, warum ich immer noch keinen gefunden hatte, und empfahl mir eindringlich: «Mein Kind, stell dich doch mal ein bisschen dümmer!»

Vielleicht fanden manche Männer mich zu «männlich» in meinen Interessen. Ich habe darunter gelitten, dass oft – selbst noch beim WDR – hinter meinem Rücken getuschelt wurde: «Die versteht zwar was von Politik, aber eine richtige Frau ist sie nicht.» Man musste sich entscheiden, ob man eine «richtige Frau» sein oder etwas von Politik verstehen wollte. Beides zusammen ging nicht.

Aber als junge Frau keine Jugendliebe zu haben, das war schon schwer für Sie?

Ach, schwer würde ich nicht sagen, aber traurig.

Und Ihre Mutter, konnte die Sie trösten?

Meine Mutter und ich schliefen in den früheren Ehebetten meiner Eltern. Und manchmal kam ich über die Besuchsritze in ihr Bett gekrochen, kuschelte mich in ihren Arm und erzählte ihr von meinen Sehnsüchten, und sie hat auch zugehört. Aber das war vorbei, als ich siebzehn war und meinen ersten Kuss bekam. Davon hätte ich meiner Mutter gern erzählt, aber ich traute mich nicht. Ich behauptete, meine Freundin sei von einem Mann geküsst worden. Meine Mutter wollte nichts davon hören. Mein Vater war gestorben, als sie erst neunundzwanzig Jahre alt war. Und schon seit Jahren war sie Witwe und wollte von Küssen und Umarmungen und Zärtlichkeiten nichts wissen. Und da wusste ich, mit ihr würde ich darüber nicht reden können. Ich bin wieder in mein Bett gekrochen und habe ihr nie wieder so etwas erzählt.

Wollte sie sich denn nicht mehr verlieben?

Meine Mutter behauptete, so glücklich mit meinem Vater gewesen zu sein, dass sie sich nicht vorstellen könne, dieses Glück noch einmal zu erleben. Auf seinem Grabstein steht: «Sei getreu bis in den Tod, so will ich dir die Krone des Lebens reichen.» Sie glaubte meinem Vater bis in alle Ewigkeit treu sein zu müssen. Und außerdem fürchtete sie, dass ein anderer Mann es nicht auf sie, sondern nur auf unser Haus abgesehen haben könnte.

Als ich am Tiefpunkt meines Lebens angelangt war und in der Klinik bei einem Psychiater in die Therapie ging, forderte der mich auf: «Na, nun erzählen Sie mal von Ihrem Leben.» Also fing ich an, von der glücklichen Ehe meiner Eltern zu erzählen. «Woran haben Sie das denn erkannt?», wollte er wissen. «Sie waren doch gar nicht dabei.» – «Aber meine Mutter hat nie wieder geheiratet, weil sie so glücklich mit meinem Vater gewesen ist.» – «Wissen Sie, was?», meinte daraufhin der Psychiater: «Ich denke, Ihre Mutter war gar nicht so glücklich. Glückliche Frauen heiraten nämlich wieder, und solche, die nicht glücklich gewesen sind, die lassen das sein.»

Ich kann Ihnen sagen, das hat mir einen Schlag versetzt, von dem ich mich bis heute nicht erholt habe. Sollte meine Mutter mir die ganzen Jahre etwas vorgegaukelt haben? Mir leuchtete die Argumentation des Arztes ein, aber der Gedanke, mich von der Vorstellung verabschieden zu müssen, dass mein Vater der wunderbarste Mensch gewesen war, unersetzlich, einmalig, war schockierend. Ich wollte das nicht wahrhaben.

Meine Mutter jedenfalls lehnte jeden Versuch ab, sie noch einmal mit einem anderen Mann zusammenzubringen. Sie blieb abweisend. Und je mehr sie sich gegen Zärtlichkeiten verschloss, desto weniger konnte sie davon ihrer Tochter, also mir, geben. So liebevoll sie als Mutter war – richtig zärtlich war sie kaum. Sie hat mich nie in den Arm genommen, mich nie gestreichelt oder geküsst, und als ich erwachsen war, merkte ich, dass ich das auch nicht konnte. Ich hatte es nicht gelernt. Und darüber bin ich sehr traurig, auch heute noch, ich wäre gern zärtlicher.

Wie haben Sie das damals kompensiert?
Wie sind Sie damit umgegangen?

Ich habe das gar nicht vermisst, ich kannte es ja nicht. Erst als junge Frau habe ich erfahren, wie schön es war, einen Liebhaber zu haben, der mir über die Wange strich und zärtliche Worte zuflüsterte. Bis dahin hatte ich nicht gewusst, dass es so etwas gibt.

Sie hätten sich aber schon gerne verliebt?

Das glaube ich wohl, ja.

Wie hätte er denn sein müssen, der Glückliche?

Natürlich wie mein Vater. Ein älterer Mann, ein Vaterersatz. Aber ich befand mich nicht in der Situation, darüber zu spekulieren, wie der glückliche Liebhaber sein oder wie er aussehen sollte. Ich wäre schon froh gewesen, wenn ich überhaupt einen gehabt hätte.

Und in der ersten Zeit nach Kriegsende, war da Liebe überhaupt ein Thema?

Im Raketeninstitut in Bleicherode interessierte sich kein Mann für mich. Als im Winter ein Betriebsfest stattfand, für das meine Wirtin mir ein langes rosa Abendkleid von ihrer Tochter geborgt hatte, kam ich mir darin vor wie die Königin von Bleicherode und ging voller Stolz zum Betriebsfest. Ich erwartete das große Abenteuer, ich wollte tanzen, fröhlich und ausgelassen sein, vielleicht würde ich mich sogar verlieben. Und dann saß ich den ganzen Abend auf meinem Stuhl und wurde kein einziges Mal aufgefordert. Da bin ich weinend durch Bleicherode nach Hause gelaufen. Das war einer meiner traurigsten Tage.

Dann tauchte der frühere Freund von Trautchen Peterleuss auf, der aber, vermute ich, zum Hamstern aus Berlin gekommen war. Er hoffte wohl darauf, mit meiner Hilfe an einen Sack Kartoffeln zu kommen. Und den hab ich ihm verschafft. Die Tage mit ihm waren schön, denn ich konnte so tun, als hätte ich endlich auch einen Freund. In Wahrheit war er wohl mehr an den Kartoffeln interessiert als an mir.

Erst später, so um 1950, als Sie für die Amerikaner an der Parteihochschule in Kleinmachnow eine Funktionärskarriere begannen, tauchte ein Mann mit Namen Fritz auf. Sie waren damals 25.

Auf den Parteischulen der SED gab es überall so genannte Schülerehen, das waren Beziehungen auf Zeit, da viele von ihren eigentlichen Ehefrauen oder Ehemännern zu Hause für eine längere Dauer getrennt waren. So bildeten sich Schülerehen für die Dauer des Lehrgangs.

Wie haben Sie Fritz kennen gelernt?

Er wohnte nicht sehr weit entfernt von mir in einem Zimmer. Ich teilte das Zimmer mit zwei anderen Schülerinnen. Die eine hatte eine Schülerehe mit einem Lehrer der Parteihochschule, den sie später heiratete.

Und die andere war Hanni Glöckner, eine Jüdin, die mit 14 Jahren nach Auschwitz gekommen war und dort von einem Fleischergesellen gerettet und durchgebracht worden war. Hanni, die aus einer reichen jüdischen Bankiersfamilie in Wien stammte, hing sehr an ihrem Retter. Und da er ein überzeugter Kommunist war, wurde auch sie eine überzeugte Kommunistin, so kamen sie beide zusammen auf die Parteihochschule. Ich war allein, und irgendwann warb Fritz um mich.

Ich glaube, das Bedürfnis, in einer Schülerehe zu leben, war der Wunsch nach einem Stück Privatsphäre, nach einem Ort, an dem man sich ausweinen konnte, wenn man unglücklich war, oder vergnügen konnte, wenn man fröhlich war. Man konnte zusammen tanzen gehen und aneinander Halt finden, das war eigentlich das Wichtigste. Ich kann mich nicht recht erinnern, wie Fritz und ich zueinander gefunden haben. Aber ich sehe ihn noch die Wege entlanggehen, ganz aufrecht, irgendwie keck und selbstbewusst, so wie man es oft bei kleinen Männern beobachten kann.

Er war geschieden, und wir taten uns zusammen, kauften ein Paddelboot und fuhren den Teltowkanal hinunter bis nach Berlin. Und eines Tages fragte Fritz: «Wollen wir uns nicht hier, in Kleinmachnow, zusammen eine Wohnung nehmen?»

Fritz war mein erster fester Freund. Außer kurzen Liebschaften hatte ich noch nie eine richtige Beziehung gehabt. Und allein die Tatsache, dass Fritz mich gewählt hatte, gefiel mir sehr. Ich war nicht sehr verwöhnt von den Männern. Wir fanden eine Wohnung, die uns gefiel, und Fritz ließ seine Möbel kommen. Ich schlief dort die Woche über, und am Wochenende kam Fritz.

Wie sah er denn aus, der Fritz?

Er war ein kleiner Mann, der sich sehr aufrecht, sehr gerade hielt und etwas gestelzt durch die Gegend lief. Ein bisschen angeberisch. Ganz pfiffig, intelligent, sehr dogmatisch und immer verwirrt, wenn er irgendetwas erlebte, was mit seinen Überzeugungen nicht in Einklang stand. Er kam aus einem Arbeiterhaushalt im Sächsischen und war erpicht darauf, Karriere zu machen. Deswegen war er auch so stolz, Parteihochschüler geworden zu sein und mit einer intelligenten Parteihochschülerin zusammenzuleben, die auch noch Abitur hatte.

Waren Sie in ihn verliebt?
Ich glaube, es ist sehr schwer, seine Gefühle zu beschreiben, wenn man sie seit Jahrzehnten eigentlich nicht mehr begreifen kann. Ich glaube nicht, dass ich wirklich in ihn verliebt war. Das treibende Motiv, mich mit ihm zusammenzutun, war wieder, wenn auch auf ganz andere Weise als bei den Amerikanern, die Angst vor dem Alleinsein. Es war so traurig, keinen echten Liebhaber zu haben.

War er in Sie verliebt?
Ich glaube, es erschien ihm standesgemäß – um einmal diesen altmodischen Ausdruck zu gebrauchen –, mit einer Lehrerin der Parteihochschule liiert zu sein. Ich spreche nur sehr zögernd und ungern darüber, weil ich Schuldgefühle gegenüber Fritz habe. Ich hätte ihn nicht in mein Schicksal hineinziehen dürfen. Nach Erscheinen meines Buches «Doppelleben» hat mich seine spätere Frau angerufen.

Und als ich am Telefon weinte und mich selbst wieder und wieder anklagte, ich sei dafür verantwortlich, dass Fritz nach meiner Flucht ins Gefängnis kam, da sagte sie: «Aber Frau Stern, wir wollen doch nicht die alten Geschichten wieder aufwärmen.»

Wie lange haben Sie denn zusammengelebt?
Bis 1951, bis zu meiner Flucht. Mindestens ein Jahr, vielleicht anderthalb.

Eine so lange Zeit ein Geheimnis mit sich herumzutragen, ist Ihnen das schwer gefallen?

Ich erinnere mich an eine Zeit, in der ich mich sehr mit dem Gedanken gequält habe, ob ich mich ihm nicht anvertrauen müsste. Und dann habe ich ihn auf die Probe gestellt und gefragt: «Sag mal, Fritz, was ist dir eigentlich wichtiger, ich oder die Partei?» Darauf gab er eine unmissverständliche Antwort: «Das ist doch keine Frage – erst kommt die Partei, dann kommt die Partei, dann nochmal die Partei, und dann kommst du.»

Das hat er wirklich so gesagt?

Das hat er so gesagt. In gewisser Weise hat mich diese Aussage entlastet, weil ich jetzt wusste: Wenn ich Fritz auch nur das Geringste von meinem Geheimnis verraten oder er mir etwas anmerken sollte, wäre ich geliefert: Er würde hingehen und mich verpfeifen.

Eines Tages kam er ganz aufgeregt nach Hause und erzählte, ihm sei etwas Schreckliches passiert. Ein Mann sei an ihn herangetreten und habe ihn aufgefordert, für den sowjetischen Geheimdienst zu arbeiten. Und da Fritz in seiner grenzenlosen Naivität so etwas für völlig undenkbar hielt, war er fest davon überzeugt, es sei ein Amerikaner gewesen, der sich als Russe ausgegeben hätte. Er lief stracks zur Direktorin der Parteihochschule, um diesen Annäherungsversuch sofort zu melden, und erstattete haarklein und wichtigtuerisch Bericht, wie man versucht hätte, ihn für den amerikanischen Geheimdienst anzuwerben. Die Direktorin, die lange in der Sowjetunion gelebt hatte, warf ihn hinaus und rief ihm hinterher, in Zukunft möge er sie mit solchem Quatsch verschonen.

Fritz war im Gegensatz zu mir wirklich ein gläubiger

Kommunist, der sehr darunter litt, dass nicht immer alles so lief, wie es vielleicht gedacht war. Als er für die Gewerkschaft mal einen Betrieb besuchen musste, war selbst für ihn nicht zu übersehen, dass die Mehrheit der Arbeiter keine Kommunisten waren, sondern eigentlich Antikommunisten. Das deprimierte ihn zutiefst.

Hinzu kam, dass das System der permanenten Kritik und Selbstkritik, dem man unterworfen wurde, die Menschen so roh im Umgang mit anderen machte, so erbarmungslos. Und viele, auch Fritz, waren danach so bedrückt, dass sie einfach Halt an einem anderen Menschen suchten. Die Partei nutzte das aus und forderte besonders gläubige Kommunisten immer wieder auf, ein Auge auf jene zu haben, deren Klassenbewusstsein noch nicht genügend gefestigt sei.

Mein Leben mit ihm war eine Flucht in eine Scheinharmonie, zuweilen ein oberflächliches Vergnügen, wenn wir zusammen etwas unternahmen oder einen Augenblick der Nähe erlebten. Ich habe bis heute ein schlechtes Gewissen ihm gegenüber. Nach meiner Flucht habe ich oft daran gedacht, Fritz anzurufen. Und letztlich bin ich immer davor zurückgeschreckt, weil ich fürchtete, es könnte ihm eher noch schaden. Die Parteikontrollkommission – oder vielleicht war es auch die Staatssicherheit – war äußerst verärgert, dass ich ihnen durch die Lappen gegangen war, und hielt sich nun an ihn. Fritz wurde vernommen und verhaftet. Drei Monate saß er in Untersuchungshaft. Aber er konnte beweisen, dass er von nichts gewusst hatte. Vermutlich wurde er trotzdem angeklagt wegen mangelnder revolutionärer Wachsamkeit. Er hätte eben was merken müssen.

Ihre Geschichte mit Fritz war ja damit noch nicht zu Ende, doch zwischenzeitlich trat ein anderer Mann in Ihr Leben, den Sie «Eskimo» nennen, Dr. Ernst Richert, Abteilungsleiter im Institut für politische Wissenschaft der Freien Universität Westberlin, der eine Art Vaterersatz für Sie wurde.

Ja. Und meine eigentliche große Liebe. Ganz oben im Institut saß die SBZ-Abteilung. Dr. Ernst Richert war der Abteilungsleiter, es gab zwei oder drei Assistenten, und ich hatte das große Glück, bald nach Beginn meines Studiums dort als Assistentin angestellt zu werden. Das war für mich wichtig, weil ich meiner Vergangenheit so hilflos gegenüberstand und unbedingt dahinter kommen wollte, wie das System der DDR funktioniert. Ich habe gleich angefangen, die SED-Geschichte zu studieren, ich wollte wissen, machen die Menschen in diesem System freiwillig oder unter Zwang mit, auf wen gehen solche Methoden wie «Kritik und Selbstkritik» zurück, wie hat sich die SED in den Nachkriegsjahren verändert, wann schwenkte sie ein in den Stalinismus, und wie überwand sie ihn wieder. Wie eine Wilde habe ich an diesen Fragen gearbeitet.

1954 habe ich eine erste Textsammlung über Struktur und Organisation der SED zusammengestellt, bald darauf kam mein erstes Buch über die SED heraus, einige Jahre später das nächste, «Porträt einer bolschewistischen Partei», und irgendwann galt ich als *die* SED-Expertin.

Aber in den Vorlesungen der Freien Universität saß ich immer noch, ohne zu begreifen, worüber geredet wurde. Ich hatte keine Ahnung, was «eliminieren» bedeutet, solche Fremdwörter kannte ich nicht. Bei uns in der Schule hatte man während der Hitlerzeit einen Groschen bezahlen müssen, wenn man ein Fremdwort benutzte. Ich kannte kaum irgendwelche Intellektuellen. Die Welt der Wissenschaft war mir fremd.

Einmal wurden wir in der Schule auf Usedom gefragt, was für einen Mann wir gerne heiraten würden. Ich sagte, ich würde gern einen von der Universität heiraten. Und nun war ich wenigstens in der Nähe von Dozenten und Professoren, und Richert war ein Intellektueller, wie er im Buche steht. Sozusagen der Prototyp eines Intellektuellen mit genialen Zügen, der originelle Ideen hatte und sich für alles interessierte. Er war der eigentliche Begründer der DDR-Wissenschaft an der Freien Universität. Aber gleichzeitig war er ein völlig unorganisierter und unsystematischer Mensch, der von Aufputschmitteln und Zigaretten lebte. Ein kleiner verwachsener Mann mit gelben Fingerspitzen und gelben Zähnen, verschroben und ungelenk, und eine seiner Schultern hing etwas schief herunter. Wenn er lachte, kicherte er fast. Die Sekretärinnen stöhnten oft: «Fräulein Assmus, dass Sie diesen Mann ertragen können!» – «Wieso denn?» – «Der stinkt doch so furchtbar!» Aber damals merkte ich das gar nicht. Das fiel mir erst später auf.

Richert hielt mich zwar für begabt, aber ziemlich unwissend. «Haben Sie wirklich Abitur, ist das wahr?», fragte er mich zweifelnd. Er bot an, mir Nachhilfeunterricht zu geben. «Aber wann machen wir das?» – «Nach Dienstschluss», schlug ich vor. «Nein, das geht nicht, da muss ich zu meiner Freundin.» – «Vielleicht an Wochenenden?» Daraufhin er: «Nein, das geht nicht, da muss ich zu meiner Familie, zu meiner Frau.» – «Was bleibt dann noch?» – «Also wissen Sie, abends so ab zehn, elf, da hätte ich Zeit.» Und als ich fragte: «Aber wo wollen Sie mir den Nachhil-

Der Eskimo, genial und chaotisch, ein Professor Unrat, dem ich viel verdanke

feunterricht denn erteilen?», schlug er vor: «Wir gehen in ein schönes Weinrestaurant.» Und das taten wir.

Dort brachte er mir die Bedeutung von Immanuel Kant und Edmund Husserl nahe, erzählte mir von Walter Benjamin und Siegfried Kracauer. Und ich fand es wunderbar, von ihm bei Frankenwein in eine mir fremde und doch so leuchtende Welt des Denkens eingeführt zu werden, die weit entfernt war von allem, was mit Nazis und mit Kommunisten zu tun hatte.

Das nächste Mal sagte er: «Ach wissen Sie, das Weinrestaurant ist zu langweilig.» Als neuen Treffpunkt schlug er eine Bar vor, die habe mehr Atmosphäre. Ich hätte gern einmal getanzt, aber tanzen konnte er nicht. «Aber ich werde Ihnen beibringen, was Historismus ist.» Und dann hat er mir bei seinem Lieblingsgetränk Ginfizz erklärt, was Historismus ist.

Ich lernte viel bei diesen abendlichen Ausflügen, aber wir sackten auch immer weiter ab. Die seriösen und vornehmen Bars waren zu teuer, und so kamen wir eines Tages zu «Onkel Paul», bei dem viele Catcher verkehrten. An den Tischen waren kleine merkwürdige Stöpsel angebracht, und als ich Richert fragte, wozu die denn gut wären, erklärte er mir, dass die «Damen vom horizontalen Gewerbe» daran ihre Taschen befestigten, damit sie ihnen nicht geklaut würden, wenn sie sich in der Bar von ihrer Arbeit erholten.

Das muss doch für Sie ein kleiner Schock gewesen sein? So etwas kannten Sie doch noch gar nicht, oder?

Doch, ich hatte mich mal mit einigen anderen vom Lehrerausbildungsinstitut in eine Bar in der Nähe des Bahnhofs Zoo aufgemacht. Wir wollten das Rotlichtmilieu kennen lernen und fuhren dafür nach Westberlin. Aber weil wir nicht elegant genug gekleidet waren und man uns ansah, dass wir vom Land waren, ließ man uns gar nicht erst rein. Da schlug ich vor: «Wisst ihr, was wir machen? Wir rufen dort an, melden uns als Herr von Bismarck und lassen einen Tisch für mehrere Personen reservieren.» Und

Berlin 1957, die Zeit der abendlichen Ausflüge zu Frankenwein und Edmund Husserl

das taten wir auch, und sie sagten: «Jawohl, Herr von Bismarck! Jawohl, Herr von Bismarck! Der Platz ist reserviert.» Und dann gingen wir hin: «Herr von Bismarck hat uns eingeladen und hat schon reservieren lassen. Er selbst kommt etwas später!» Etwa eine Stunde lang konnten wir die Kellner so hinhalten, dann schmissen sie uns raus. Aber immerhin hatte ich so schon einmal eine Bar von innen gesehen.

Also zogen Sie mit Herrn Richert durch das Berliner Nachtleben. Zwei Menschen, die philosophieren, über Geschichte und Politik reden, und um sie herum tobt das Lotterleben. Das könnte man als einen gewissen Widerspruch empfinden.

Oh ja, aber es war ein faszinierender Gegensatz. Einmal saß ich an der Bar, und die Barfrau breitete ihr ganzes Leben vor mir aus. Ich empfand dieses Leben als ziemlich halbseiden. Und als sie darauf kam, wie schlecht es ihrer Tochter ginge, gab ich ihr fünf Mark, mehr hatte ich nicht. Richert fand mich ziemlich dämlich, auf solche Erzählungen dürfe man doch nicht reinfallen, Barfrauen seien doch nur darauf aus, auf diese Weise zu Geld zu kommen.

Einmal waren wir gemeinsam im Schloßpark-Theater, wo gerade meine großen Helden auftraten, Joana Maria Gorvin und Walter Franck, die ich verehrte und liebte: «Oh», sagte ich, «die würde ich gern mal aus der Nähe sehen!» Richert verschwand hinter der Bühne und verkündete, als er wieder zurückkam: «Anschließend treffen wir uns mit Gorvin und Franck im Lokal neben dem Schloßpark-Theater.» Ich zitterte geradezu vor Aufregung. Wir zogen die ganze Nacht mit ihnen durch die Bars.

Ein anderes Mal klingelte es bei mir, und Richert stand vor der Tür mit einer seltsam aussehenden Frau am Arm, die er mir als Frau Fallada vorstellte, als Frau des berühmten Hans Fallada. Richert hatte sie irgendwo aufgegabelt, als sie sich gerade, voll gepumpt mit Drogen, das Leben nehmen wollte. Sie schlief auf meiner Couch und erzählte mir, wie anstrengend das Leben mit Fallada für sie gewesen sei, weil sie nachts immer los musste, um für ihn Morphium zu besorgen. Am nächsten Morgen war sie verschwunden, kam aber wieder, nachdem sie sich reinen

Alkohol aus der Apotheke besorgt und den verdünnt getrunken hatte. Wenn sie noch länger auf meiner Couch übernachten dürfe, bot sie an, würde sie mir Briefe von Hans Fallada schenken. Ich rief Richert an und bat ihn, sie schnell wieder abzuholen. So war Richert.

Und dann gibt es noch die Geschichte von der «Ermordung der Erika Assmus».

Als Richert wieder einmal über meinen Mangel an Bildung klagte, habe ich ihm diese Geschichte aufgetischt. Schon als Kind habe ich mir gern solche Geschichten ausgedacht. Als ich einmal zu spät nach Hause kam und meine Mutter vorwurfsvoll fragte: «Wo warst du?» Da habe ich geantwortet: «Mutti, ich war im Himmel.» – «Und was hast du dort gemacht?» – «Ich habe meinen Vater getroffen. Er lässt dich grüßen.» Daraufhin hat meine Mutter mir eine runtergehauen.

Als ich den verzweifelten Richert so vor mir sitzen sah, der immer wieder vor sich hin murmelte: «Es kann eigentlich nicht sein, dass du Abitur hast, es kann nicht sein», sagte ich schließlich: «Ich will es zugeben, weil ich weiß, dass ich mich auf dich verlassen kann und du nichts weiterplaudern wirst: Weißt du, ich wollte so schrecklich gern studieren, aber ich hatte kein Abitur. Und da hab ich mich mit einem Mädchen angefreundet, das Erika Assmus hieß, und habe sie gebeten, mir doch mal ihr Abiturzeugnis zu zeigen. Wir haben uns im Wald getroffen, und ich habe sie ermordet, um an ihr Abiturzeugnis zu kommen.» Richert war so beeindruckt, dass ein Mensch um der Bildung willen nicht einmal vor Mord zurückschreckte, dass ihm die Tränen über die Wangen liefen. Darauf war ich nicht vorbereitet. Ich hatte erwartet, dass er lachen oder einen Witz reißen würde. Aber offensichtlich hielt er meine Geschichte für möglich. Als ich ihm erzählte, dass ich sie mir nur ausgedacht hatte, war er lange Zeit richtig böse mit mir.

Man könnte sagen, Sie haben ihn ganz schön frech angelogen, mit dem, was Sie da erzählt haben. Aber die Unwahrheit zu sagen war in gewisser Weise Bestandteil Ihres Lebens.

Ja, das stimmt. In den Nachkriegsjahren war es in meinen Kreisen geradezu selbstverständlich, dass man log. In keinem einzigen Fragebogen gab man zu, BDM- oder Jungmädelführerin gewesen zu sein. Ich habe auch alle Fragebogen bei der SED gefälscht – Ahlbeck als meinen Geburtsort anzugeben schien mir zu gefährlich, da es in der Sowjetischen Besatzungszone lag, und so habe ich als Geburtsort Swinemünde genannt, das in Polen lag. Ja, man lebte mit der Unwahrheit.

Lügen kann man besser oder schlechter. Kam Ihnen da Ihr schauspielerisches Talent zu Hilfe?

Ich halte das für möglich.

Ernst Richert hat Ihrem Leben wichtige Impulse gegeben.

Er hat mich gelehrt, welche Freude es ist, ein gebildeter Mensch zu sein. Über wie viel Unglück und Schmerz Bildung hinweghelfen kann. Er hat mich gelehrt, was es bedeutet, selbständig zu denken, nicht einfach nur Lehrbuch- oder Professorenmeinungen nachzuplappern. Vor allem aber habe ich durch ihn gelernt, wie vielfältig das Leben sein kann, wie reich und wie man durch Schmerz und

Glück, Schwermut und Heiterkeit im Leben schwimmt, zuweilen darin untergeht und sich doch immer wieder aufrappelt. Ich war ungeheuer fasziniert von ihm und bin ihm weit über seinen Tod hinaus unendlich dankbar.

Waren Sie in ihn verliebt?

Natürlich habe ich mich in ihn verliebt. Irgendwann flog er aus dem Institut, weil er immer erst mittags im Büro auftauchte und seine wissenschaftliche Arbeit nicht mehr erledigte. Ich war tüchtiger als er, wenn auch nicht so intelligent, ich stellte was auf die Beine und er nicht. Später habe ich ihm einmal behilflich sein können, einen Preis für seine wissenschaftliche Leistung zu erhalten. Er unterhielt dann eine Beziehung zu einer Prostituierten, in die er sich unsterblich verliebt hatte und die immer dann, wenn ihnen das Geld ausging, auf den Strich anschaffen ging. Er lebte mit ihr in einem heruntergekommenen Hotel. Einmal hab ich die beiden in Berlin besucht, und sie sagte zu ihm: «Nu stoß ihr doch mal ausm Mantel.» Und eines Tages lag sie auf dem Bett und war tot. Bald danach ist er auch gestorben.

Es war anstrengend, mit Richert zu arbeiten, ihn zu lieben und mit ihm Umgang zu haben. Wenn ich danach auf Menschen traf, die ähnliche Charakterzüge wie er zeigten, habe ich Fersengeld gegeben. Ich wusste, das würde ich nicht noch einmal durchstehen. Und mit einem solchen Mann kommt man nicht durchs Leben. Man muss ordentlicher sein als er, vernünftiger und auch gezielter arbeiten. Deswegen habe ich das Verhältnis zu ihm auch eines Tages beendet. Es war mir zu anstrengend geworden, nachts ab elf Uhr durch Bars und Kaschemmen zu ziehen. Diese Entscheidung hat zu meiner Selbständigkeit sehr beigetragen.

Vielleicht war es eine Ironie des Schicksals, dass ich erst durch Richert gelernt habe, meine Vernunft zu gebrauchen, mich meines Verstandes zu bedienen, mich zu meinen Gefühlen zu bekennen. Und dass ich nun meine Vernunft gegen die Beziehung zu ihm einsetzte. Es war sehr schön gewesen, sich an Richert zu verlieren, aber er war ein Professor Unrat. Dennoch, mein Leben wäre ärmer, wenn ich diesen Mann nicht getroffen hätte.

Zurück in die späten Fünfziger. 1959 nahm überraschend Ihr «Schülerehemann» Fritz Kontakt zu Ihnen auf.

Irgendwann Ende der fünfziger Jahre erhielt ich einen Brief, der Absender war Fritz, und der Brief kam aus Stuttgart. Ich öffnete ihn ganz aufgeregt und erkannte gleich die Handschrift von Fritz. Er schrieb mir, er sei aus der DDR geflüchtet und lebe jetzt in Stuttgart, wo er als Buchhalter beschäftigt sei.

Und in Stuttgart sei er auf das Buch «Gestohlenes Leben» von Susanne Leonhard gestoßen. Das war die Mutter des bekannten Sowjetexperten Wolfgang Leonhard, eine überzeugte Kommunistin, die während der NS-Zeit in die Sowjetunion geflüchtet war, in den großen Säuberungen verhaftet wurde und jahrelang im Gulag gesessen hatte. Das Buch habe ihn so beeindruckt, dass er an die Autorin geschrieben habe. Zufällig lebe sie auch in Stuttgart und habe ihn eingeladen. Und da habe er von sich erzählt und auch von mir, und sie habe gesagt: «Was? Die Erika? Na, die Erika, die kenne ich doch. Wollen Sie ihre Adresse haben? Die hab ich.»

Wie haben Sie reagiert, als Sie von Fritz einen Brief bekamen? Waren Sie überrascht?

Ich war erfreut. Mein erster Gedanke war, jetzt werde ich Fritz helfen, eine Arbeit zu finden und im Westen zurechtzukommen. Gleich am nächsten Tag bin ich nach Stuttgart geflogen.

Wollten Sie sich bei ihm rehabilitieren? Hatten Sie noch Schuldgefühle?

Ja, ich hatte große Schuldgefühle, besonders nachdem ich erfahren hatte, dass er im Gefängnis gesessen hatte. Ich wollte so viel wie möglich wieder gutmachen und ihm hilfreich zur Seite stehen. Gleichzeitig aber war ich auch misstrauisch, weil ich es nicht für ausgeschlossen hielt, dass Fritz von der Staatssicherheit geschickt worden war.

Wir haben uns umarmt und geküsst, als wir uns wiedersahen, und zusammen auf der Couch gesessen und uns unser Leben erzählt. Von den wahren Hintergründen meiner Flucht habe ich ihm allerdings nichts erzählt, sondern behauptet, es sei herausgekommen, dass ich Jungmädelführerin gewesen war und eine nazistische Vergangenheit hatte. Daraufhin hätte ich eine solche Angst bekommen, dass ich geflohen sei.

Was war das für ein Gefühl? Gab es immer noch eine Art Vertrautheit zwischen Ihnen?

Ja. Eine Mischung aus Vertrautheit, Wiedersehensfreude und bei ihm wie bei mir auch Wachsamkeit. Er spürte meine Zurückhaltung, wenn wir uns umarmten, und wollte die Gründe dafür wissen. Aber ich habe darauf nicht geantwortet.

Es war also vom ersten Moment klar, dass es kein Zusammenleben mehr geben würde?

Daran war gar nicht zu denken. Er hatte in Stuttgart geheiratet. Ich bot ihm meine Hilfe an. Wenn er Artikel schreiben wolle, könnte ich ihn an eine Zeitschrift vermitteln, und ich fragte ihn, was ich sonst noch für ihn tun könnte. Er erzählte mir, dass er sich ein Auto gekauft habe, das noch nicht abbezahlt sei. Und ich habe gesagt, ich helfe dir dabei.

Danach haben wir miteinander korrespondiert. Als ich ein zweites Mal nach Stuttgart fuhr, sind wir mit einer Schulfreundin von mir und ihrem Freund für einige Tage in ein kleines Dorf im Schwarzwald gefahren. Das war mein letztes Wiedersehen mit Fritz.

Ich sehe uns noch vor unserem Gasthof auf Liegestühlen sitzen und miteinander reden. Und ständig ging mir, trotz aller herzlichen Gefühle für Fritz, die Frage im Kopf herum: Ist Fritz vielleicht von der Stasi geschickt worden? Er war doch schließlich immer so ein überzeugter Kommunist. Und zugleich schämte ich mich über meinen Verdacht. Es war so ein Wechselbad der Gefühle zwischen Freude und meinem Selbstvorwurf, Fritz betrogen zu haben, seine Überzeugung missachtet und ihn in etwas hereingerissen zu haben, für das er keine Schuld trug. Ich hatte das Bedürfnis, mit ihm über die Vergangenheit zu sprechen, aber wir belogen uns beide, immer wieder.

Auf diesem Ausflug kündigte Fritz an: «Weißt du was? Wir machen uns demnächst ein schönes Wochenende in Berlin. Ich werde jemanden finden, der mein Auto über die Autobahn nach Westberlin bringt, und dann fahren wir durch die Stadt, und du zeigst mir alles, und wir freuen uns aneinander.» Dann wollte er mich küssen, aber ich habe meinen Kopf zur Seite gedreht. Das passierte mehrmals. «Was hast du bloß? Was hast du bloß?», fragte Fritz insistierend. Eigentlich wollte ich ihm auf diese Weise zu verstehen geben, dass ich misstrauisch war, ob er nicht doch Böses im Schilde führte und in Wahrheit von der Stasi geschickt worden war. Fritz spürte mein Misstrauen.

Später konnte ich in meiner Stasiakte seine damaligen Berichte nachlesen, wie er einerseits voller Stolz den Erfolg der erneuten Anbahnung meldete, andererseits aber voller Unsicherheit herumrätselte, wie er sich mein Verhalten erklären könnte.

In einem seiner Berichte stand dann, und das hat mich am meisten getroffen: «Sie weiß zwar, dass sie hässlich ist, aber sie ist nicht zu unterschätzen.»

Er meldete auch, er sei sich sicher, dass ich nicht zu ihm in ein Auto steigen würde. Eine Entführung nach Ostberlin auf diesem Wege sei ausgeschlossen. Sein Führungsoffizier schlug ihm daraufhin allen Ernstes vor, Fritz sollte mich doch davon überzeugen, freiwillig in die DDR zurückzukehren. Der Alternativplan war, so fürchte ich, Fritz sollte mit mir in Österreich oder in Süddeutschland Urlaub machen, dann würde dort ein Stasikommando auftauchen und mich in die DDR zurückbringen. Ob Fritz an diesem Plan mitgewirkt hätte, weiß ich nicht.

Wie haben Sie dann von dem Entführungsversuch erfahren?

Es klingelte. Ein Polizist stand vor der Tür und sagte: «Kann ich reinkommen?» Ich: «Bitte sehr.» – «Kennen Sie einen Herrn Fritz?» Natürlich nannte er Fritz' richtigen Namen. «Ja, den kenne ich.» – «Wo befindet sich der jetzt?» – «In Stuttgart. Wenn nötig, kann ich Ihnen auch seine Adresse geben. Aber dann wüsste ich gern den Grund.» Und er fragte nach: «Sind Sie ganz sicher, dass er in Stuttgart ist?» Ja, antwortete ich, eigentlich sei ich sicher. Denn Fritz hatte mir in seinem letzten Brief geschrieben, sein krankes Herz solle nun in Stuttgart operiert werden. «Vielleicht befindet er sich gegenwärtig im Krankenhaus.» Und daraufhin sagte der Polizist: «Nein, er befindet sich bei seinen Auftraggebern in Ostberlin. Er hatte den Auftrag, Sie zu entführen.»

Wie haben Sie reagiert?
Ich hatte die Möglichkeit, dass Fritz von der Staatssicherheit geschickt worden sein könnte, bei meinem Wiedersehen mit ihm ja nicht ausgeschlossen und mich dementsprechend verhalten. Aber natürlich war ich betroffen von dieser Nachricht. Zugleich dachte ich auch, wie gut, dass er davongekommen ist, so wie ich davongekommen bin – jetzt sind wir quitt.

Waren Sie nicht auch ein bisschen traurig?
Ich weiß nicht. Wissen Sie, man hatte so viel erlebt und durchlebt, dass man sich abgewöhnt hatte, zu weinen oder traurig zu sein. Man wusste, so ist das Leben.

Waren Sie enttäuscht?
Eher verwundert. Fritz hatte mir erzählt, seine politische Überzeugung hätte sich geändert, er sei jetzt Anarchist. Und ich dachte, Gott, er hatte doch eigentlich einen ganz guten Job als Buchhalter in Stuttgart, warum ist er nicht einfach zur Polizei gegangen und hat sich offenbart. Aber ich war auch erleichtert, Gott sei Dank, dachte ich, jetzt bist du nicht mehr verantwortlich für sein Schicksal. Ich

fühlte mich fast wie eine große Schwester, die alles, was in ihren Kräften steht, tun möchte, um das Unrecht, das sie an ihm begangen hat, wieder gutzumachen. Ich hatte das Gefühl, den von ihm gewählten Lebensweg zerstört zu haben. Wenn ich gegenüber irgendeinem Menschen ein schlechtes Gewissen habe, dann ist es gegenüber Fritz. Und wenn ich gegenüber irgendeinem Menschen das Gefühl habe, wir sind quitt miteinander, dann ist es auch wieder Fritz.

Hat es Sie nicht berührt, ihn später in den Stasiakten wiederzufinden?
Nein, ich habe seine Berichte eher kopfschüttelnd gelesen. In den Tagen nach dem Studium meiner Akte habe ich mich oft mit meinem Mann darüber unterhalten, ob Fritz es wirklich getan hätte, ob er mich wirklich entführt hätte. Dann hat mein Mann gesagt: «Denk doch einfach, er hätte es nicht getan.»

Und was denken Sie?
Ich weiß es nicht.

Welchen Namen hatte er in den Akten?
André.

Ist das eine der Geschichten, die Sie nie richtig aufgearbeitet haben?
Die Polizei konnte mir damals von dem Entführungsversuch nur deshalb berichten, weil Fritz durch einen hohen Offizier der Staatssicherheit oder des Geheimdienstes enttarnt wurde, der in den Westen geflüchtet war und eine lange Liste von Agenten vorgelegt hatte, die im Westen für

die Staatssicherheit arbeiteten. Und auf dieser Liste stand offensichtlich auch der Name von Fritz. Fritz war auch zur Polizei vorgeladen und vernommen worden, aber man hatte keinen Haftbefehl gegen ihn. Die Polizei musste ihn wieder nach Hause schicken. Und dann ist Fritz entkommen, in die DDR. Als er nach Hause kam, so hat es mir später seine Frau erzählt, hat er gesagt, er müsse sofort weg.

Als er und seine ihn begleitende Frau an die Grenze kamen, hat Fritz mit Ostberlin telefoniert, und dann durften sie die Grenze passieren. In der ersten Zeit haben sie bei seinen Eltern in einer Dachkammer gelebt. Fritz' frühere Genossen sind ihm mit großem Misstrauen begegnet und wollten nichts mit ihm zu tun haben, sie glaubten, er sei freiwillig in den Westen getürmt. Aber später hat er dann, glaube ich, als Redakteur einer Betriebszeitung arbeiten können und noch später wieder als hauptamtlicher Funktionär in der SED-Kreisleitung.

Das heißt, er ist bis zum Ende seines Lebens ein überzeugter Kommunist geblieben und mit siebenundvierzig Jahren an seinem Herzleiden gestorben. Seine Frau durfte mit den beiden Kindern Jahre später in die Bundesrepublik ausreisen.

Wie werden Sie ihn in Erinnerung behalten?
Ich werde uns beide immer als Täter und Opfer im Kalten Krieg, im Ost-West-Konflikt in Erinnerung behalten. Trotz aller Unterschiede, die uns auszeichneten, haben wir beide mit Geheimdiensten zusammengearbeitet, in dem Glauben, vielleicht nicht das Richtige, aber doch das Notwendige zu tun. Und so haben sich zwei Menschen, die sich eigentlich gern hatten, schäbig zueinander verhalten.

Dazu haben auch die Umstände damals beigetragen. Aber ich wünschte mir, dass Menschen in Verhältnissen leben können, die sie nicht mehr dazu bringen, sich schäbig zueinander zu verhalten. Das ist meine Erinnerung an Fritz und mich.

Ein Jahr später, Pfingsten 1960, lernen Sie in Kasbach bei Köln dann Heinz Zöger kennen.

Vermutlich hat mich Wolfgang Leonhard eines Tages mit in dieses Dorf genommen. Er lebte auch in Köln. Wir hatten viel gemeinsam. Er war mit der so genannten Gruppe Ulbricht nach dem Krieg aus dem Moskauer Exil zurückgekommen, später dann aber aus der DDR in die Bundesrepublik geflüchtet. Ihn kannte ich als Autor des Verlages Kiepenheuer & Witsch, und sein Buch *Die Revolution entlässt ihre Kinder* war der große Bestseller der fünfziger Jahre.

In Kasbach am Rhein lebte eine Art Kommune von Exkommunisten. Gerhard Zwerenz zum Beispiel, ein Schriftsteller, der aus der DDR geflüchtet war, und ein Arzt, der aus der Sowjetischen Besatzungszone in das berüchtigte Lager Workuta in der Sowjetunion deportiert worden war. Neu hinzugekommen war der 1959 aus dem Zuchthaus in Bautzen entlassene Heinz Zöger. Wir haben oft in der Kasbacher Waldgaststätte zusammengesessen und über Politik debattiert. Die geflüchteten Männer waren voller Hass auf die DDR. Aber sie wollten dazu beitragen, die Politik in der DDR zu ändern.

Ich fühlte mich eher als Außenseiterin in dieser Männerrunde, der außer mir nur noch eine Frau angehörte, und sah dem ganzen Treiben dort leicht spöttisch zu. Ich dachte, Kinder, bildet euch doch bloß nicht ein, ihr könntet von einem Dorfgasthof aus Einfluss auf die große Politik nehmen. Als im Radio der Gaststätte aus irgendeinem Anlass eines Tages das Deutschlandlied erklang, erhoben sich zu meinem Erstaunen alle von ihren Stühlen. Ich blieb sitzen und sagte: «Was ist denn in euch gefahren? Seid ihr plötzlich deutsche Patrioten geworden?»

Die hätten doch eigentlich die Internationale singen müssen.

Vielleicht suchten sie einen neuen Halt, nachdem sie keine Kommunisten mehr waren. Aber was war man dann? Antikommunist? Deutscher? Irgendwas musste man doch sein. Und ich? Vielleicht bedeutete meinen Freunden in Kasbach die Bundesrepublik etwas. Sie suchten nach einer neuen Heimat und fühlten sich als Patrioten, die das richtige und bessere Konzept für ganz Deutschland hätten. Es war dieser Patriotismus, an dem sie Halt und Sicherheit suchten.

Das spielte auch bei Heinz Zöger eine große Rolle. Aber Heinz Zöger – und das galt auch für seine Genossen dort – hatte große Angst. Die geflüchteten Männer fühlten sich immer noch verfolgt. Ständig sahen sie die Stasi durchs Dorf schleichen. Jeder Fremde, der ins Dorf kam, wurde als Stasikurier beargwöhnt. Die biederen Dorfbewohner hingegen waren mindestens genauso argwöhnisch gegen die Männerrunde am Stammtisch – wollten die hier die Revolution planen? Und so beargwöhnte man sich gegenseitig nach den Gesetzen oder Gewohnheiten der Zeit.

Wie hat sich denn Heinz Zöger für Sie aus dieser Gruppe herausgelöst und als etwas Besonderes dargestellt?

Heinz Zögers erster Eindruck auf mich war: Hier sitzt ein gebrochener Mensch vor dir. Das äußerte sich in seiner Nervosität, in dem schmalen Gesicht, in seinen Rheumaschmerzen, die er seit der Zeit im Zuchthaus hatte, manchmal schnauzte er andere an, und seine Fingerkuppen waren ganz kaputt, weil er im Zuchthaus täglich Tausende von Druckknöpfen auf Pappe aufmontiert hatte.

Wir sind zusammen durch die Berge gewandert. Einmal habe ich ihn gefragt, was seiner Meinung nach der Unterschied zwischen Agitation und Propaganda sei. Ich hatte mit anderen zusammen ein Buch zu diesem Thema herausgegeben. Zöger war über diese Frage völlig konsterniert und glaubte, ich wollte ihn auf die Schippe nehmen, er war sehr misstrauisch.

Ich musste viel Überzeugungskunst aufbringen, um ihm glaubhaft zu machen, dass ich ihn wirklich nicht verspotten wollte, sondern ernsthaft an seiner Meinung interessiert war.

Wenn wir gewandert und nachts wieder die Berge heruntergekommen sind, lagen unsere Hände ineinander. Das war ein sehr warmherziges Gefühl. Auch ein lustvolles Gefühl.

Was hat Sie fasziniert an ihm?

Ich denke, erst einmal müssen wir doch darüber reden, dass er allein war und keine Frau hatte. Und ich war allein und hatte keinen Mann. Auch das hat uns zusammengebracht.

Heinz Zöger, ein misstrauischer Bohemien,
ein glänzender Tänzer, ein wunderbarer Liebhaber –
er wurde mein Mann.

Er war sehr einsam?

Er war sehr einsam, aber in Kasbach war er wenigstens unter gleichgesinnten Menschen, in einer schönen Landschaft, mit Blick auf die Brücke von Remagen und auf den Rhein. Das hat ihm gut getan und zu seiner Gesundung beigetragen. In der Stadt wäre es für ihn viel schwerer gewesen.

Sie waren auch einsam zu der Zeit?
Ich war auch einsam, ja. Wir suchten aneinander Halt. Und ich war tief beeindruckt von seinem Schicksal – mit welcher Konsequenz er als Achtzehnjähriger in den kommunistischen Widerstand gegangen war und dafür Jahre im Gefängnis gesessen hatte. Ich war beeindruckt, mit welcher Konsequenz er für die Entstalinisierung in der DDR eingetreten und dafür wiederum ins Gefängnis gegangen war. Und mir gefiel diese Mischung aus einem nervösen, nicht mehr ganz jungen Mann und einem Bohemien, der gern in Bars ging und tanzte. Er war ein glänzender Tänzer. Und ein glänzender Liebhaber. Und so taten wir uns zusammen.

Zudem empfand ich ein tiefes Mitgefühl für ihn. Ich spürte, wie misstrauisch er der Welt gegenüberstand. Von nahezu allen Menschen, denen er begegnete, glaubte er, dass sie Schlechtes wollten, nur darauf aus waren, ihn zu betrügen und zu belügen. Keinem Menschen dürfe man trauen, das hat er oft zu mir gesagt. Ich wollte ihm beweisen, dass das falsch ist. Dass man Menschen trauen kann. Dass er mir trauen kann und dass ich es gut mit ihm meine.

Und hat er das angenommen?
Mit der Zeit hat er mir vertraut. Und darauf war ich stolz. Aber hinzugefügt hat er dann, er könne mir nur deshalb vertrauen, weil ich ein äußerst naiver Mensch sei. Für andere gelte das nicht. Aber ich hielt es schon für einen Erfolg, wenn er überhaupt einem Menschen vertraute.

Für ihn war es angenehm, eine Gesprächspartnerin zu haben, mit der er über SED-Politik, über die Spitzenfunktionäre der SED und über kommunistische Ideologie sprechen konnte, eine, die ihm gewachsen war und zuweilen

Das Liebespaar in Linz am Rhein

sogar mehr wusste als er selbst. Aber es kam vor, dass er während des Gesprächs plötzlich die Stimme wechselte und in einen ganz anderen Tonfall fiel, besonders wenn er sagte: «Da bin ich aber doch ganz anderer Meinung.» Die Stimme ging dann nach oben und hatte eine andere Färbung. Im nächsten Moment kehrte er wieder zu seiner normalen Sprache zurück. Dieser Wechsel war außerordentlich verwirrend für mich, und als ich ihn darauf aufmerksam machte, sagte er: «Oh, ich bitte um Entschuldigung. Das ist mein Freund aus der Zuchthauszelle, der dann plötzlich spricht. Ich bin so daran gewöhnt. Ich habe so lange in Einzelhaft gesessen. Und das hält man ohne einen guten Freund nicht aus. Und wenn es den nicht gibt, muss man ihn erfinden. Und ich habe mir einen guten Freund erfunden, der hat mir so viel Mut gemacht. Immer wenn ich verzweifelt war, dann hat er gesagt, Heinz Zöger, du musst durchhalten. Du musst durchhalten. Eines Tages wird es wieder anders werden.» Der gute Freund war auch unvergleichlich vernünftiger, gelassener und souveräner als Heinz Zöger. Das hat mich sehr gerührt.

Zöger machte sich auch große Sorgen, was aus ihm werden sollte. Er war Mitte vierzig und hatte sich schon in Frankfurt vergeblich bei einer Werbeagentur beworben: «In Ihrem Alter haben Sie hier nicht mehr die geringste Chance.» Er schrieb Artikel für verschiedene Gewerkschaftsblätter und hatte sich um die Anerkennung als politischer Flüchtling bemüht, aber ohne Erfolg. Die Behörde hatte ihm erklärt, er sei ja schließlich Chefredakteur des «Sonntag» gewesen und ein ziemlich hoher SED-Funktionär, da sei seine Haftzeit wohl eher als Familienstreit zu werten. Der Flüchtlingsausweis C war aber die Voraussetzung, um irgendeine Arbeit zu bekommen. Den habe ich ihm später über die Verbindung mit dem Minister für Gesamtdeutsche Fragen, Ernst Lemmer, beschaffen können. Ohne den Ausweis hätte er keine Stelle bekommen.

Meine Freunde in Köln und ich haben uns den Kopf zerbrochen, wie wir ihm helfen könnten. Im WDR gab es eine Reihe von Journalisten, die Frontberichterstatter oder NSDAP-Mitglieder gewesen waren. Meine Freunde Arnulf Baring und Peter Bender sagten immer, wenn hier alte Nazis eingestellt werden können, dann doch wohl auch ein alter Kommunist. Als Arnulf Baring Zöger dann aufforderte, für seine Redaktion die DDR-Presse auszuwerten, wagte Zöger sogar den Umzug von Kasbach nach Köln. Und Peter Bender meinte, er würde nicht ruhen und nicht rasten, bis er eine Anstellung für Zöger durchgesetzt hätte. Und das ist ihm dann auch gelungen.

Kaum war Zöger im WDR, ging es wieder los mit dem Misstrauen. Ich arbeitete damals noch im Verlag Kiepenheuer & Witsch. Zöger sagte eines Tages zu mir: «Weißt du, Carlchen, was ich noch nicht herausgefunden habe im WDR?» – «Nein, das weiß ich nicht.» – «Wo hier der Zensor sitzt.» Ich sagte: «Lieber Heinz, im WDR gibt es keinen Zensor.» – «Das ist wieder deine Naivität! Da bist du einfach zu blauäugig. Ich werde ihn schon noch finden.» Es dauerte lange, bis er zugab, keinen Zensor gefunden zu haben.

Konnten Sie sich gegenseitig Frieden geben? War es das?

Ich glaube, wir konnten uns gegenseitig Erleichterung verschaffen, aber Frieden zu finden, das ist sehr schwer.

Wann haben Sie gemerkt, dass Heinz Zöger eine andere Bedeutung in Ihrem Leben einnimmt als andere Männer vorher?

Das war nicht von Anfang an so. Ich hatte damals noch einen anderen Liebhaber, dem ich mich stärker verbunden fühlte. Und Heinz Zöger hatte auch noch eine alte Freundin. Jeder von uns war auch noch anderweitig engagiert. Das trug Spannungen und Konflikte in unsere Beziehung. Ich kann mich erinnern, wie Heinz Zöger mir eines Tages meinen Haustürschlüssel wieder vor die Füße warf, den er inzwischen von mir hatte. Und ich sagte ihm, dass es mir nicht passe, dass er auch noch immer seine alte Freundin besuchte.

Zöger hatte sehr viel körperliches Selbstbewusstsein.

Mannsein bedeutete ihm viel. Und deshalb wollte er nicht alt werden, sondern hatte sich fest vorgenommen, dem zuvorzukommen, indem er sich das Leben nahm. Das war eine seit langem schon von ihm tief verinnerlichte Vorstellung.

Es hatte wohl auch damit zu tun, dass er keinen rechten Lebenssinn mehr für sich fand. Er hatte sich Gift besorgt und an einem Wochenende, als er in einer besonders depressiven Stimmung war, in einer Tasse angerührt. Ich habe ihn an diesem Tag immer wieder vergeblich angerufen und dachte, er sei vielleicht irgendwohin gefahren.

Am Montagmorgen rief ich im WDR an und stellte fest, dass er nicht zur Arbeit erschienen war. Und da habe ich mir doch Sorgen gemacht und einen Kollegen im Verlag gebeten, mit mir zu dem Haus zu fahren, in dem Zöger wohnte. Wir haben geklingelt und geklopft, aber niemand hat aufgemacht. Irgendwie haben wir dann die Tür aufgekriegt und Zöger im Bett gefunden. Neben ihm stand auf einem kleinen Tisch die Tasse. Wir versuchten, ihn zu wecken, vergeblich. Wir haben die Polizei gerufen und sind mit ihm ins Krankenhaus gefahren. Die Ärzte waren nicht sicher, ob sie ihn noch retten könnten.

Ich bin nach Hause gegangen, eine Kollegin hat sich um mich gekümmert. Ich wusste, entscheidend würde sein, ob Zöger die nächste Nacht überlebt. Mein Freund Richard Löwenthal rief zufällig an, und ich weiß noch, dass ich am Telefon weinte und schluchzte: «Immer wenn ich einen Menschen gefunden habe, den ich liebe, verlässt er mich wieder.» Ich dachte an meinen Vater und an Heinz Zöger.

Als ich am nächsten oder übernächsten Tag an seinem Bett im Krankenhaus saß – ich weiß noch, ich hatte ein gelbes Kostüm an und einen gelben Hut auf –, schlug Zöger die Augen auf, lächelte und sagte: «Künftig werde ich für dich sorgen.» Und ich sagte: «Und ich für dich.»

Gleich danach sind wir zusammen in ein kleines Reihenhaus gezogen. Einige meiner Freunde hatten Zweifel, ob das gut gehen würde. Ich muss gestehen, dass ich auch Angst hatte. Wir waren beide alte Junggesellen, wie würde das wohl sein, auf einmal mit einem anderen Menschen zusammenzuleben? Am Anfang habe ich mir große Mühe gegeben, Grießspeise und Kaninchen gekocht, ich glaube, ich habe sogar einen Kuchen gebacken. Jedenfalls habe ich mich mächtig angestrengt.

Endlich im WDR, Köln 1970 – «Mit Ihren Kommentaren werden Sie Ärger bekommen, aber bleiben Sie dabei» (Werner Höfer).

Eine Frau in der Männerwelt

Die Frage der Identität, Frau Stern. Worin besteht der Unterschied zwischen Carola Stern und Erika Assmus? Kann es das denn überhaupt geben, zwei Leben in einem?

Ich denke oft darüber nach, was wohl aus der Volksschullehrerin Erika Assmus geworden wäre, wenn sie nicht für die Amerikaner gearbeitet hätte. Ich glaube nicht, dass mein Traum, Theaterwissenschaften und Kunstgeschichte zu studieren, in Erfüllung gegangen wäre. Ich kann mir auch nicht vorstellen, in Westdeutschland Lehrerin oder gar Schulrätin geworden zu sein. Aber ich bedaure noch als alte Frau, dass ich nie wenigstens versucht habe, Schauspielunterricht zu nehmen. Allerdings, ob ich eine begabte Schauspielerin geworden wäre – das steht dahin. Ich spiele ja immer nur mich selber. Wie weit es mir gelungen wäre, mich in andere Rollen hineinzuversetzen – ich weiß es nicht.

Aber ist es nicht schön, dass mein anderer Lebenstraum, nämlich Journalistin zu werden, geträumt seit meinem zwölften Lebensjahr, doch, wenngleich spät, in Erfüllung gegangen ist? Ich habe mich gern mit Politik beschäftigt, nicht, um eines Tages Politikerin zu werden, sondern um politisches Handeln zu analysieren und zu kommentieren.

Und so ist Carola Stern eine erfolgreiche, selbstbewusste, ziemlich souveräne, mit sich selbst im Reinen lebende alte Frau geworden. Erika Assmus war das alles nicht. Das Kind war ein unsicheres, ängstliches Mädchen ohne Selbstwertgefühl und sehr empfindlich, es weinte oft. Manchmal frage ich mich, was die eine und die andere eigentlich noch gemeinsam haben. Aber in ihrem Geltungsdrang, in ihrer Freude aufzutreten, in ihrem Bedürfnis, gern gehabt zu werden und sich trotz aller Hindernisse zu engagieren (wenngleich zunächst für das Falsche, ja, Verbrecherische), erkenne ich in der alten Carola doch immer wieder auch die junge Erika. Ohne den Fleiß und den Wunsch der Erika, es zu etwas zu bringen und Erfolg zu haben, hätte es keine Carola Stern gegeben. Und schließlich, das will ich nicht vergessen: Schlafen, schlafen, schlafen – das genießt die Alte genauso wie das kleine Kind.

Sie haben einen interessanten Satz gesagt – die meisten Männer meinten, Sie seien zu intelligent, um eine richtige Frau zu sein.

Dieser Eindruck hat mich tatsächlich große Abschnitte meines Lebens begleitet, auch wenn oft nicht viel dazu gehörte, zu den Intelligenteren zu zählen. Manches, was ich in meinem Leben zustande gebracht habe, spricht dafür, dass ich nicht unintelligent bin. Aber oft, dafür ist die Parteihochschule in Kleinmachnow ein gutes Beispiel, haben die Männer vor intelligenten Weibern eine Heidenangst und wollen nichts mit denen zu tun haben. Selbst die gläubigsten und überzeugtesten SED-Leute, die offiziell für die Gleichberechtigung und Emanzipation der Frau eintraten, hatten meistens ein sehr altmodisches Frauenbild.

Haben Sie darunter gelitten?

Ja, sehr. Wissen Sie, das nagt am weiblichen Selbstbewusstsein. Schließlich ist das männliche Werben für eine Zwanzigjährige doch von großer Bedeutung. Wenn das fehlt, fühlt man sich schmerzhaft getroffen.

In Ihrer Autobiographie sprechen Sie nie von Ihrem Mann, sondern von «Heinz Zöger», oder Sie schreiben von Ihrem «Freund».

Die Formulierung, «mein Mann» und «meine Frau» mag ich nicht. Das klingt, als wolle man dem anderen sein Eigenleben nehmen und Besitz von ihm ergreifen. Ich habe

Heinz Zöger nie als mein Eigentum betrachtet. Für uns war es selbstverständlich, dass wir uns beide mit vollem Namen anredeten. Ich habe zu ihm «Heinz Zöger» gesagt und er zu mir «Carola Stern».

Aber geduzt haben Sie sich schon, ja?
Natürlich, und manchmal hat er zu mir «Carlchen» gesagt. Aber viel bedeutender als die Anrede war unsere Art des Zusammenlebens. Ich habe es ihm hoch angerechnet, dass er es überhaupt mit mir ausgehalten hat. Es war nicht einfach, mit mir zusammenzuleben – hauptsächlich deshalb, weil ich in stärkerem Maße als er im WDR Karriere machte.

Er war ein sehr angesehener, sehr zuverlässiger Redakteur in der Ost-West-Redaktion, aber beruflich ohne besonderen Ehrgeiz. Für mich war es zunächst schwierig, überhaupt in den WDR zu kommen, weil wir verheiratet waren. Eigentlich war es nicht üblich, dass ein Ehepaar in der gleichen Abteilung arbeitete. Danach ging bei mir alles sehr schnell: Ich trat bald im Fernsehen auf, war ständig unterwegs, und an den Wochenenden war ich oft nicht zu Hause, sondern fuhr zu Parteitagen. Wenn am Ostersonntag der Bundespräsident Gustav Heinemann anrief: «Carola, komm uns doch besuchen», dann fuhr ich zu Heinemanns und verbrachte den Ostersonntag mit ihnen, auch wenn Heinz Zöger nicht mit eingeladen war.

In den Redaktionskonferenzen morgens um zehn riskierte ich immer eine ziemlich große Lippe. Das fand mein Mann ungehörig. Dann konnte ich heftig werden: «Wenn es hier nicht üblich ist, seine Meinung zu sagen, dann wird es Zeit, damit endlich anzufangen!» Ich war Mitglied des Personalrats und als Personalratsvertreterin auch im Verwaltungsrat, in dem ich mit dem damaligen nordrhein-westfälischen Ministerpräsidenten Heinz Kühn und seinem Wissenschaftsminister Johannes Rau zusammensaß. Und wegen der Politik fuhr ich sehr oft nach Bonn. Das alles war ein Leben ohne Heinz Zöger. Und je bekannter ich wurde, desto schwerer muss es für ihn gewesen sein, als «mein Mann» – nun, sagen wir es mal so – daneben zu stehen.

Hat er darüber mit Ihnen geredet?
Nein, er hat nie darüber gesprochen, er hat es akzeptiert.

Das war dann auch so ein Thema, über das Sie nicht miteinander gesprochen haben?
Mich hat das umgetrieben, es hat mir große Sorgen gemacht. Ich habe immer gedacht, eines Tages werde ich von irgendeinem dieser blöden Parteitage nach Hause kommen, und er wird nicht mehr da sein.

Sie hatten Angst, dass er geht?
Ja, die hatte ich.

Distanz hat in Ihrer Beziehung eine große Rolle gespielt. Wo haben Sie die Grenzen gezogen? Wie groß war der Raum, den jeder für sich hatte?
Ich habe nicht gefragt, wenn er wegging, wohin er ging, selbst dann nicht, wenn er manchmal für längere Zeit verschwand. Und er hat mir niemals Vorwürfe gemacht, dass ich gerne eine öffentliche Rolle spielte. Wie unterschiedlich wir waren, war uns bewusst. Er war ein wunderbarer alter Mann, der sehr viel mit sich selbst anfangen konnte, der sich der Muße hingeben und sich wie ein Kind an

einem herbstlich verfärbten Ahornblatt freuen konnte. Von seinen vielen Radfahrten, die er auch noch in Berlin unternahm, brachte er mir manchmal Herbstblätter mit und legte sie mir auf den Tisch. Ich konnte sein Bedürfnis nach Muße und Beschaulichkeit nicht teilen, das fehlte mir völlig. Er hingegen konnte stundenlang auf einer Bank am Rhein sitzen und den Schiffen zusehen, dem Wind und den Wellen lauschen, all das konnte ich nicht. Also, Seelenverwandte waren wir nicht gerade. Aber wir haben uns sehr nahe gefühlt, wenn wir zusammen Fontanes «Stechlin» lasen oder auf Reisen gingen.

Wenn man Ihre Zeit im WDR unter dem Rollenverständnis von Mann und Frau betrachtet, waren Sie eine für die damalige Zeit sehr couragierte Frau, eine ungewöhnliche Frühgeburt der Emanzipation. Wie haben Sie denn dieses Rollenspiel mit Heinz Zöger gehalten?

Ich bin eine emanzipierte Frau geblieben, und er hatte Freude daran, mit einer emanzipierten Frau zusammenzuleben, mit der man sich unterhalten konnte. Er hatte sicherlich auch Freude an anderen Vergnügungen, aber auch einer emanzipierten Frau fühlte er sich durchaus gewachsen.

Und die Rolle der Hausfrau?

Ich wollte eine gute Hausfrau sein. Aber Heinz Zöger hat sich dann mit dreiundsechzig pensionieren lassen und mir erklärt, fortan werde er sich um den Haushalt kümmern.

Als Sie mit Zöger zusammenzogen, waren Sie beide in einem Alter, in dem andere Paare an ein solches

Leben zu zweit schon jahrelang gewöhnt sind. Für Sie beide hingegen muss es eine ganz ungewohnte Situation gewesen sein.

Mein Mann war schon einmal verheiratet gewesen und hatte auch in der DDR lange Jahre eine feste Freundin, aber für mich war das Zusammenleben, so wie wir es hatten, etwas ganz Neues. Und ich hatte auch, wie man so sagt, Bammel.

Wie war das am Anfang?

Nun ja, mein erstes Erlebnis mit dem gemeinsamen Leben hatte ich im Badezimmer. Das Becken war dreckig. Das wiederholte sich – trotz meiner Ermahnungen war es immer wieder dreckig. Und da begriff ich, keiner von uns beiden würde sich noch ändern. Ich musste mit dem dreckigen Becken leben, so wie mein Mann mit meinen Ungehörigkeiten leben musste.

Als wir schon einige Monate zusammenlebten, fragte mein Mann: «Und wie ist es nun? Wollen wir heiraten, oder wollen wir nicht heiraten?» Ich habe zurückgefragt: «Was meinst du denn?» – «Das überlasse ich dir. Mir ist das ganz egal.» Da habe ich so überlegt und dachte bei mir, ach, eigentlich möchte ich ganz gern Frau Zöger sein, vielleicht aber auch meinen Namen behalten, auf jeden Fall aber möchte ich gern Ehefrau sein. Und so war meine Antwort: «Ach ja, ich würde ganz gern heiraten.» – «Na, dann machen wir das doch.» Und dann sind wir zum Standesamt gegangen und haben ein befreundetes Ehepaar, unsere Buchhändlerin und ihren Mann, gebeten, unsere Trauzeugen zu sein, sind mittags schön essen gegangen im «Kuckuck», und das war's.

Am Abend vorher, an dem Polterabend, war ich zu

Hause und wartete auf Zöger. Da klingelte es, eine männliche Amtsperson von der Volkszählung stand vor der Tür und sagte: «Ich habe einige Fragen an Sie zu richten.» Ich: «Bitte, tun Sie das.» – «Was ist Ihr Familienstand? Sind Sie ledig oder verheiratet?» – «Gilt die Frage für heute Abend oder für morgen Vormittag?» – Daraufhin wurde die Amtsperson wütend: «Was soll der Unsinn? Machen Sie hier keine Kinkerlitzchen mit mir!» Ich sagte: «Na, hören Sie mal, wenn heute Abend das entscheidende Datum ist, muss ich ‹ledig› sagen. Wenn es um morgen Vormittag geht, muss ich ‹verheiratet› sagen. Das muss doch wohl genau sein!» Daraufhin hat er mir einen Vogel gezeigt und ist wütend von dannen gezogen.

Waren Sie damals glücklich?
Och ja, ich habe mich so gefreut, dass meine Ängste jeden Tag abnahmen.

Was war denn Ihrer Meinung nach die große Stärke Ihres Zusammenlebens?
Dass jeder den anderen so genommen hat, wie er ist, und nicht versucht hat, etwas anderes aus ihm zu machen oder Anpassung einzufordern. Dass wir ein immer intensiveres Gefühl der Zusammengehörigkeit hatten, aber jeder gleichzeitig seinem Bedürfnis nachgehen konnte, ein eigener Mensch zu sein und zu bleiben, und der andere dies respektierte.

Ihre beiden Biographien haben geholfen, diese Toleranz füreinander aufzubringen?
Ich denke schon. Jeder musste für das Leben des anderen eine ganze Menge Verständnis aufbringen. Und natürlich

hat das auch in unseren Gesprächen immer wieder eine große Rolle gespielt. Ich hatte dabei den großen Vorteil, dass ich die Welt meines Mannes, die Welt des Kommunismus, kannte, dass wir darüber reden konnten – sie war mir nicht fremd. Und dann spielte Freundschaft in unseren Gefühlen füreinander eine sehr große Rolle. Mein Mann war immer auch so etwas wie ein väterlicher Freund für mich – ein großer Bruder und auch ein bisschen Vaterfigur, er war zehn Jahre älter als ich.

Was, glauben Sie, war das Wichtigste, was Sie sich gegenseitig geben konnten?

Mein Mann hat besonders in den letzten Jahren seines Lebens eine Fürsorge für mich entwickelt, die mir unendlich wohl getan hat. Er hat sich um all das gekümmert, worum sich sonst immer die Frauen kümmern. Er war immer für mich da, ich konnte alles mit ihm besprechen, er war mein erster und mein letzter Kritiker, wenn es um meine Kommentare ging oder später um meine Bücher. Er wurde immer strenger, allerdings nicht unbedingt besser. Er hielt sich viel darauf zugute, ein hervorragender Redakteur zu sein, aber ich finde, seine Stärke bestand eher darin, Längen zu erkennen und zu streichen, als ein Wort oder einen Satz durch einen besseren Ausdruck oder durch eine elegantere Formulierung zu ersetzen. In solchen Fällen strich er vorsichtshalber gleich den ganzen Satz. Je älter er wurde, desto mehr strich er. Manchmal hat er mich dermaßen scharf kritisiert, dass ich ihm androhte: «Ich werde dir kein einziges Kapitel meines Manuskriptes mehr zeigen! Du kannst mich mit deiner Kritik so niederschmettern, dass ich tagelang nicht weiterarbeiten kann. So schwer mir das fällt, ich kann dir nicht mehr meine Texte zeigen!»

Fortan schickte ich meine Manuskripte an meine Freundin Jutta Bohnke. Das hat ihn gekränkt.

Glauben Sie, er hat Sie wirklich gut gekannt? Besser als jeder andere?

Das denke ich schon. Ich habe sehr viel von ihm gelernt. Er hat schon als Kind angefangen zu lesen, und er kannte die ganze Weltliteratur. Er hat sich dann während unserer Zeit in Köln selbst Französisch beigebracht und französische Literatur nur noch im Original gelesen. Das habe ich sehr bewundert. In der fremden Sprache reden konnte er allerdings nicht so gut. Einmal waren wir in Frankreich und erkundigten uns in einem Restaurant nach einem bestimmten Ausflugsort. Zöger stellte die Frage in lupenreinem Französisch, jedenfalls meinte er, das zu tun, und der Ober beteuerte, alles verstanden zu haben, und kam zurück mit der teuersten Flasche Champagner, die der Weinkeller zu bieten hatte. Da habe ich zu Zöger gesagt: «Tu mir einen Gefallen, sprich in Frankreich bitte nicht mehr französisch! Das kommt uns teuer zu stehen.»

Zu Hause in Deutschland haben Sie Anfang der sechziger Jahre damit begonnen, sich in der Männerwelt tatkräftig zu engagieren, zum Beispiel bei der Gründung der deutschen Sektion von Amnesty International.

Ich erinnere mich noch sehr genau, dass im Frühling 1961 in Köln ein Fest für Journalisten, Künstler und Wissenschaftler stattfand, zu dem ich eingeladen war. Es wurde getanzt, viele Leute aus dem WDR waren da. Und gegen zehn Uhr abends klingelte es an der Tür, und ein Mann erschien auf der Bildfläche, der einen etwas hilflosen Eindruck machte, fast als wollte er im nächsten Moment um eine kleine Spende bitten. Er sprach nicht deutsch, sondern englisch und war ein Freund des Gründers von *Amnesty International* aus London, der von ihm nach Deutschland geschickt worden war, um sich mit Leuten aus der Bundesrepublik zu beraten, wie man eine deutsche Sektion von *Amnesty* gründen könnte.

Ich ließ mir kurz schildern, worum es ging, Gerd Ruge stand auch dabei, und beide zogen wir uns dann mit Eric Baker, so hieß der englische Quäker, zurück. Er erzählte, dass man dabei wäre, eine Hilfsorganisation für politische Gefangene zu gründen, und zwar für Menschen, die aufgrund ihrer Überzeugung oder ihres religiösen Engagements in verschiedenen Ländern der Welt verfolgt und verhaftet wurden. Ich war sofort bereit, mich daran zu beteiligen, weil ich an meinen Mann dachte und auch an meine eigene Vergangenheit in der NS-Zeit. Mich bei *Amnesty* zu engagieren schien mir eine überzeugende Konsequenz aus einer solchen Vergangenheit zu sein.

Hinzu kam, dass ich mit dem Kurs der SPD Anfang der sechziger Jahre nicht einverstanden war und deshalb aus der Partei austrat, aber dennoch das dringende Bedürfnis hatte, etwas Nützliches für die Gesellschaft zu tun. Das Wort «Menschenrechte» kam damals im allgemeinen Sprachgebrauch nicht vor. Es war die Zeit des Mauerbaus, und die Deutschen waren sehr mit sich selbst beschäftigt und erwarteten Beistand von der ganzen Welt – kaum jemand dachte darüber nach, wie man anderen in einer Situation der Verfolgung zu Hilfe kommen könnte.

Wir verabredeten uns also, die Gründung von *Amnesty International* in der Bundesrepublik in die Hand zu nehmen. Wir luden einige Journalisten ein, um uns mit ihnen zu beraten, und haben dann zunächst *appeal for amnesty* ins Kölner Vereinsregister eintragen lassen. Gerd Ruge kümmerte sich um die Zusammenarbeit mit London, um die Geldbeschaffung, um die großen Dinge; ich gründete die erste deutsche *Amnesty*-Gruppe in Köln und sorgte dafür, dass weitere Gruppen in der Bundesrepublik entstanden.

Das Prinzip bestand darin, dass die Gruppen jeweils drei politische Gefangene aus drei unterschiedlichen politischen Systemen betreuten. Übrigens arbeiteten in den Gruppen mehr Frauen als Männer. Irgendeinen Geschlechter- oder Konkurrenzkampf gab es nicht bei *Amnesty*. Meiner Gruppe wurde ein Schriftsteller aus der Sowjetunion zugewiesen, Josef Brodsky, der des Antikommunismus bezichtigt und dem vorgeworfen wurde, keiner ordentlichen Beschäftigung nachzugehen. Er war zu einer längeren Haftstrafe verurteilt worden. Der zweite Gefangene kam aus Spanien, damals noch eine Diktatur unter dem Generalissimo Franco. Der Gefangene war ein Zeuge Jehovas. Die Zeugen Jehovas waren in Spanien verboten. Der Dritte war ein Kommunist aus Südafrika, ein Schriftsteller namens Alex La Guma, der unter Hausarrest stand. Er durfte seine Wohnung nicht verlassen und hatte große Schwierigkeiten, unter solchen Umständen sich und seine Familie zu ernähren. Wir korrespondierten mit ihm, und er durfte uns auch antworten. Alex berichtete uns ausführlich von seinen Geldsorgen, dass er nicht wüsste, wie er die Miete bezahlen sollte. Ich habe mich dann, zusammen mit einer Schülerin und einigen anderen Leuten, darum gekümmert, dass er jeden Monat die Miete für die Wohnung geschickt bekam. Gleichzeitig haben wir uns an die südafrikanischen Behörden gewandt und darum gebeten, den Schriftsteller wieder freizulassen und ihm Arbeitsmöglichkeiten zu gewähren, ihn publizieren zu lassen. Und immer wieder haben wir ihm geschrieben. Es bedeutete ihm, wie auch den anderen politischen Gefangenen, die wir betreuten, sehr viel zu wissen, da gibt es weit weg, in Deutschland oder in einem anderen Land, Menschen, die mein Schicksal kennen und versuchen, mir zu helfen.

Eines Tages teilte uns Alex mit, dass er freigelassen worden sei, allerdings unter der Auflage, Südafrika zu verlassen. Er hätte sich entschlossen, nach London zu gehen. Ich bin gleich nach London geflogen und habe ihn dort besucht. Er war bei Freunden untergekommen, anderen südafrikanischen Kommunisten, die auch in die Emigration gezwungen worden waren. Das muss 1968 gewesen sein. Nach vielen Jahren des brieflichen Kontakts konnte ich ihn endlich in die Arme nehmen. Jeder von uns beiden hat dem anderen seine Geschichte erzählt – vermutlich nicht die ganze.

Im Laufe des Gesprächs und unter vielen Beteuerungen der Freundschaft, der Zuneigung und der Dankbarkeit sagte Alex dann schließlich zu mir: «Carola, ist es nicht ein großes Glück, dass es der Sowjetunion gelungen ist, die Konterrevolution in Prag zu zerschlagen?» Also, ich musste dreimal tief Luft holen, erst dann konnte ich sagen: «Alex, ich finde es furchtbar, was du sagst, aber du sollst das sagen können, ohne dafür ins Gefängnis zu kommen.»

Der Freund, bei dem er in London wohnte, hatte auf der Hochschule des FDGB, also der ostdeutschen Gewerkschaften, studiert. Mich beschlich ein mulmiges Gefühl, als ich das erfuhr. In Alex' Zimmer hing ein Foto von mir an der Wand, das ich ihm irgendwann geschickt hatte. Das rührte mich. Gleichzeitig hatte ich Angst, ob dieser Kontakt nicht doch wieder eine Falle sein könnte, um mich zu entführen.

Immer noch diese Angst?
Ja, immer noch, die saß tief. Zumindest fürchtete ich, dass Alex' Freund ein Informant der Stasi sein könnte.

Als ich anfing, mich um ihn zu kümmern, wusste ich, dass er Kommunist ist. Es schien mir auch überaus plausibel, in Südafrika ein Kommunist zu sein. Ich war eine militante Gegnerin der Apartheid, und ich konnte mir sehr gut vorstellen, dass man sich als Schwarzer so radikalen Gegnern der Apartheid wie der Kommunistischen Partei anschließt. Es war mir auch ganz willkommen, mich um einen verfolgten Kommunisten zu kümmern. Auch mein Mann war einst ein verfolgter Kommunist gewesen, in zwei verschiedenen totalitären Systemen, und ich habe es auch Alex nie übel genommen, dass er, fernab der europäischen Wirklichkeit, glaubte, in der Sowjetunion eine fortschrittliche Macht zu erkennen, die gegen die Konterrevolution kämpfte.

Unser herzliches Verhältnis bei dieser einen Begegnung hat darunter nicht gelitten, und ich fand ihn und seine Familie außerordentlich liebenswürdig. Mit seinen politischen Auffassungen konnte ich mich nicht identifizieren, aber ich teile die Ansicht Voltaires: «Ich stimme in keinem Wort mit dem überein, was du sagst. Aber ich werde dein Recht, es zu sagen, verteidigen bis in den Tod.»

Es geht um das Prinzip?
Ja.

Waren Sie trotzdem ein bisschen enttäuscht?

Nein. Ich weiß, dass ich den Fall Alex La Guma später oft als Beispiel für die Arbeitsweise von *Amnesty* angeführt habe – man muss sich auch für Menschen einsetzen können, deren Überzeugung man missbilligt.

Später ist der Briefwechsel zwischen Alex und mir eingeschlafen. Ich habe dann erfahren, dass er nach Moskau gegangen ist und dort ein hoch angesehener südafrikanischer Freiheitskämpfer war, der überall in Osteuropa herumgeschickt wurde, um von seinem Schicksal und dem Schicksal seiner Genossen in Südafrika zu berichten. Irgendwann habe ich ihn aus den Augen verloren.

Wie verlief in dieser Zeit Ihre Karriere im WDR? Warum war Ihnen das Thema der emanzipierten Frau so wichtig, obwohl sich noch nicht einmal das Wort «Emanzipation» richtig herumgesprochen hatte? Woher kam der Antrieb?

Ich muss da sehr früh anfangen. In den Fischerfamilien auf Usedom, die sich im 19. Jahrhundert große Fremdenpensionen am Strand bauten, hatten die Frauen das Sagen. Die Männer machten die schwere Arbeit, die mussten die Fische fangen und sie an Land bringen. Die Frauen mussten die Fische verkaufen. Dafür war es nötig, bestimmte Fähigkeiten zu entwickeln – mit Menschen umzugehen, Waren anzupreisen, organisatorisches Talent zu entfalten. Das galt noch mehr für die Führung eines Fremdenheims. Die Frauen schmissen den Laden. An meiner Mutter war das bestens zu studieren, sie war eine sehr selbstbewusste und tüchtige Fremdenheimbesitzerin.

Ich erinnere mich an eine Szene 1945, als mein Onkel Hans von einer Reise in unsere Heimat zurückkam. Er

Berlin in den fünfziger Jahren: Der Eskimo
war zu Besuch gekommen.

kam die Treppe hoch in dieses kleine Zimmer, in dem ich mit meiner Mutter und seiner Familie lebte, brach zusammen und weinte. Er war völlig fertig. Wir standen um ihn herum, und ich dachte, ja, so sind die Männer, Schwächlinge, heulen hier herum und haben nichts zustande gebracht. Für mich waren immer Frauen die Stärkeren.

Als ich die Insel verlassen hatte und ins Berufsleben eingetreten war, machte ich eine mir völlig fremde Erfahrung. Ich war überhaupt nicht daran gewöhnt, dass die Männer das Sagen hatten. Und ich habe mich auch nie daran gewöhnen können, obwohl ich gerade im WDR merkte, wie schwierig es für eine Frau war, in die Hauptabteilung Politik zu kommen.

Das war eine Männergesellschaft.

Das war eine Männergesellschaft, und die Männer hatten Angst vor Frauen, besonders vor solchen, wie ich eine war. Als ich endlich, nach langer Zeit, einen Termin zum Vorstellungsgespräch beim Chefredakteur bekam, machte mein Mann sich nicht etwa Sorgen, dass ich als politisches Dummchen wirken, sondern dass ich zu wenig attraktiv aussehen könnte. «Zieh doch bitte dein schönes Braunes an und leg dir einen Schal um den Hals, dann sieht das vornehmer aus», ermahnte er mich. «Und geh während des Gesprächs ab und zu mal aus dem Zimmer und guck, ob der Schal noch richtig sitzt!» Das waren so seine guten Ratschläge. Ich fand es ziemlich komisch, dass Heinz Zöger mir vorschlug, ich sollte während eines wichtigen Gespräches, in dem es um meine Einstellung ging, immer mal wieder prüfen, ob mein Halstuch richtig sitzt. Ob es nun am Schal gelegen hat oder nicht – jedenfalls wurde ich bald darauf beim WDR-Hörfunk eingestellt.

Als die Leitung der aktuellen Abteilung neu besetzt werden sollte, schlug irgendjemand die Kollegin Holtmann dafür vor, die schon lange die aktuelle Sendung betreute. Der damalige Hörfunkdirektor war entsetzt: «Dann müsste sie ja Männern Anweisungen geben! Das geht nicht! Das geht nun wirklich nicht!»

Als ich mich darum bewarb, einmal das populäre Mittagsmagazin zu moderieren, das dank seines verantwortlichen Sendeleiters bis in die achtziger Jahre hinein kein einziges Mal von einer Frau moderiert worden war, wurde meine Bewerbung abgewiesen mit der Begründung, ich verstünde nichts von «Grünem». Damit war alles gemeint, was nicht mit Politik zu tun hatte.

Und als ich vorschlug, es wäre doch wohl an der Zeit, dass nun endlich auch mal eine Frau die Nachrichten spräche, war der Nachrichtenchef außerordentlich irritiert. Aber er wusste sich zu wehren: Kurze Zeit darauf kam er triumphierend in den Konferenzsaal und teilte uns mit, er habe eine wissenschaftliche Studie in Auftrag gegeben, in der eindeutig bewiesen werde, dass die weibliche Stimme für das Nachrichtensprechen ungeeignet sei. Dazu fiel mir in dem Moment wirklich nichts mehr ein. Wenn ich heute eine Kollegin Nachrichten sprechen höre, muss ich immer wieder an solche Geschichten denken.

Ich war die erste Frau, die in den «Tagesthemen» kommentieren durfte. Einigen meiner männlichen Kollegen haben meine Kommentare nicht gefallen. Noch heute höre ich, wenn auch mit einem gewissen Erstaunen, dass ehemalige Kollegen, die ich durchaus in der Zusammenarbeit geschätzt und von denen ich geglaubt habe, dass auch sie meine Arbeit schätzten, sich abfällig über diese Gefühlsduselei der Carola Stern in ihren «Tagesthemen»-Kommentaren äußern. Friedrich Nowottny beispielsweise war entsetzt über meine Art zu kommentieren. Als der Dissident Rudolf Bahro aus einem DDR-Zuchthaus entlassen und in die Bundesrepublik abgeschoben wurde, begann ich einmal einen Kommentar mit den Worten: «Wir begrüßen Rudolf Bahro in der Bundesrepublik.» Nowottny regte sich furchtbar über meinen Eingangssatz auf – in Kommentaren hätte man niemanden zu begrüßen. So etwas sei unmöglich. Das Verhältnis zwischen Nowottny und mir war absolut gestört.

Bei den Jecken in Köln

Aber es gab auch Männer, die mich sehr gefördert haben. Werner Höfer zum Beispiel, obwohl unsere erste Begegnung sehr unglücklich verlaufen war. Ich hatte ihm in irgendeiner Sache widersprochen, was ihn so erbost haben muss, dass er mir doch allen Ernstes empfahl: «Am besten fahren Sie mal nach Italien und nehmen sich vier Wochen lang jeden Tag einen jungen Italiener. Dann wird Ihnen besser werden.»

Mit solchen Bemerkungen und Situationen musste man umgehen können. Ich habe viele Szenen erlebt, in denen einer Frau der Mut auf Grundeis sinken konnte. Als ich einmal zu einem Empfang nach Bonn eingeladen worden war, riet mein Mann: «Zieh doch dein kleines Schwarzes an!» Und als ich dann mit meinem guten kleinen Schwarzen den Raum betrat, stürzten alle Männer auf mich zu und warfen mir ihre Mäntel in den Arm, weil sie eine Frau auf dieser Veranstaltung, zudem in einem guten kleinen Schwarzen, für die Garderobenfrau hielten.

Werner Höfer gehörte zu denjenigen im WDR, die mir immer wieder Mut gemacht haben, bei meinem Stil zu bleiben und keine Zugeständnisse zu machen. Ich brauchte diesen Zuspruch auch, denn sowohl durch sanfte Ermahnungen des Chefredakteurs wie auch durch die harsche Kritik meines Mannes wurde ich immer wieder darauf gestoßen, dass meine Subjektivität und meine Art, Emotionen zu äußern, in Kommentaren weder üblich noch angebracht waren. Ich sollte doch endlich davon lassen. Das verunsicherte mich stark, aber gleichzeitig hatte ich das Gefühl, ich kann es gar nicht anders, sonst wirkt es unecht. Deshalb war ich sehr glücklich, als ich eines Tages einen Anruf von Werner Höfer bekam, der sich fast alle Sendungen des WDR – ob Hörfunk, ob Fernsehen – anhörte und anschaute. Höfer sagte: «Liebe Kollegin, ich habe Ihre Kommentare gehört. Sie werden damit noch viel Ärger bekommen. Bleiben Sie dabei. Ich rate Ihnen das sehr.»

Ich war auch sehr stolz, als mich Werner Höfer zum ersten Mal zum «Internationalen Frühschoppen» einlud. Der «Frühschoppen» war natürlich der Traum vieler Kollegen. Meistens erhielt man mittwochs einen Anruf, in dem man das Thema erfuhr und zur Teilnahme eingeladen wurde. In einer Sendung sollte es um den Hungerstreik der RAF gehen. Ich wollte ohnehin nach Berlin fahren, um mich über die Unterbringung von Häftlingen in der Strafvollzugsanstalt Tegel zu informieren. Denn immer wieder, sowohl von Sympathisanten wie auch von den Familien inhaftierter RAF-Mitglieder, war der Vorwurf erhoben worden, die Gefangenen würden in bundesdeutschen Gefängnissen durch Isolationshaft gefoltert. Als *Amnesty*-Gründerin fühlte ich mich in besonderer Weise verpflichtet, diesem Vorwurf nachzugehen. Schließlich konnte ich nicht gegen die Folter überall in der Welt kämpfen und in der Bundesrepublik die Augen davor schließen.

Ich war in Tegel und hörte dort die Klagen des Wachpersonals, über die ich sehr betroffen war: «Wir werden von diesen RAF-Häftlingen wie Schweine behandelt, aber alle reden von dem, was angeblich den Häftlingen angetan wird, niemand redet darüber, was diese Häftlinge uns antun!»

War das glaubhaft?

Oh ja, das war sehr glaubhaft. Später habe ich einen Brief gelesen, den Ulrike Meinhof aus der Zelle geschmuggelt hatte. In dem wird nur von «Schweinen» gesprochen – in ihm drücken sich ein Zynismus und eine unglaubliche

Menschenverachtung aus! Ich fand, dass auch darüber geredet werden musste. Das zweite Erlebnis, das mich bei diesem Besuch verstörte, war die Begegnung mit einem Häftling, der ebenfalls eine Einzelzelle hatte, also in «Isolationshaft» saß, wie man das damals nannte, allerdings ein gewöhnlicher Krimineller ohne jeden terroristischen Hintergrund war. Er kam mit dieser Einzelhaft überhaupt nicht zurecht. Wie ein gefangenes Tier lief er in seiner Zelle ständig auf und ab und war so verzweifelt, dass ich zu ahnen begann, was es einem Menschen antut, Jahr um Jahr in Einzelhaft zu sitzen. Schließlich wurden wir auch in den Keller geführt – ich und einige Freunde von der «Liga für Menschenrechte» in Berlin, die diesen Besuch organisiert hatten –, und im Keller wurde uns der Raum für so genannte renitente Häftlinge gezeigt. Ein Raum ohne Fenster, nur mit einer Art Fußmatte auf dem Boden, nicht einmal eine Pritsche gab es. Es herrschten wirklich mittelalterliche Zustände.

In der Strafvollzugsanstalt Moabit konnte ich durch ein Fernrohr die Unterbringung der Terroristen sehen. In der Mitte war ein großer Aufenthaltsraum, in dem ein Tischtennistisch stand, rundherum befanden sich die Zellen, Einzelzellen. Die RAF-Häftlinge, die dort untergebracht waren, konnten in dem größeren Raum zusammenkommen, sich dort aufhalten, Tischtennis spielen oder miteinander reden. Das erschien mir weitaus menschlicher als das, was ich vorher in Tegel gesehen hatte. Als ich die Einladung zum «Internationalen Frühschoppen» erhielt, sagte ich zu, denn mir lag sehr daran, zu berichten, was ich bei diesen beiden Gefängnisbesuchen erfahren hatte.

Leider weiß ich nicht mehr, wer an dem Frühschoppen teilnahm. Ich erinnere mich ausschließlich an Jean Améry, den bekannten Schriftsteller, der in der Nazizeit im Konzentrationslager gesessen hatte. An den Verlauf der Diskussion habe ich keine Erinnerung, wohl aber an den Schluss. Ich hatte von meinen Erlebnissen erzählt und auch von dem, was mir die Gefängniswärter gesagt hatten, und dann, zum Ende der Sendung, bat Werner Höfer jeden einzelnen Teilnehmer der Diskussionsrunde, doch zu sagen, was wir – hätten wir die Gelegenheit dazu – den RAF-Häftlingen mit auf den Weg geben würden. Ich beugte mich in meiner Erregung etwas vor und sagte mit leichtem Pathos in der Stimme, ich würde versuchen, ihnen klar zu machen, dass man für eine Sache, von der man überzeugt ist, leben muss und nicht sterben sollte. Und dass man nicht mit Gewalt, sondern nur durch einen beschwerlichen, langen und von Rückschlägen begleiteten Reformprozess etwas ändern und eine gerechtere Welt schaffen könne. Und ich würde sie dringend bitten, mit dem Hungerstreik, diesem Selbstmordversuch, aufzuhören. Ich glaube, dass das ein ganz eindrucksvolles Statement war. Als Letzter kam Jean Améry dran: «Und Sie, Herr Améry, was haben Sie den Hungerstreikenden zu sagen?» Und Améry sagte nur ein einziges Wort: «*Weitermachen!*» Allen blieb die Luft weg, die Sendezeit war um, Höfer konnte sich auch nicht so schnell fassen und sagte seine bekannten Abschiedsworte.

Mir standen Tränen der Empörung in den Augen, gerade weil ich Améry so sehr schätzte, und ich sagte: «Wie konnten Sie das tun? Wie können Sie Menschen auffordern zu verrecken?»

Und Améry antwortete: «Ich habe selbst lange im Zuchthaus gesessen. Ich weiß, dass es Situationen gibt, wo einem nichts anderes mehr bleibt, als sein Leben zu riskieren und auf diese Art Widerstand zu leisten, um seine Selbstachtung nicht zu verlieren.»

Ich weiß nicht, ob wir es erst am nächsten Morgen erfahren haben oder gleich nach der Sendung – jedenfalls war gleich nach Schluss der Sendung ein Anruf aus dem Bundeskanzleramt gekommen. Man bäte doch darum, den gesamten «Frühschoppen» zu überspielen. Der Bundeskanzler lege Wert darauf, sich diesen «Frühschoppen» anzusehen, im Bundeskanzleramt werde erwogen, Klage gegen Jean Améry zu erheben.

Und wie hat Werner Höfer sich in einer solchen Situation verhalten?

Ich glaube, der war noch mit sich selbst beschäftigt, weil ihm der Schluss aus der Hand geglitten war. Er machte sich vermutlich Vorwürfe, dass er nicht kurz entschlossen die Sendung verlängert hatte: «Also, lieber Jean Améry, das kann wohl nicht das letzte Wort sein!» Höfer war in dem Augenblick nicht Herr des Geschehens.

Wie hat denn Heinz Zöger auf die Geschichte reagiert?

Das weiß ich nicht. Heinz Zöger und ich hatten, sowohl was die RAF wie auch die Außerparlamentarische Opposition anbetraf, große politische Meinungsverschiedenheiten. Während ich, nicht unbeeinflusst von den Vorwürfen der RAF-Häftlinge in puncto Haftbedingungen, mich verantwortlich fühlte, dafür zu sorgen, dass auch diese Menschen, die ich für Mörder hielt, nicht unter unzumutbaren Bedingungen einsitzen mussten, war Zöger der Meinung, es sei ohnehin besser, in Einzelhaft als mit anderen Kriminellen zusammen zu sitzen. Und die Außerparlamentarische Opposition hielt er für eine Anhäufung überkandidelter Studenten, die von der Realität keine Ahnung hätten. Ich hingegen nahm, als ich Ostern 1968 aus den Nachrichten von dem Attentat auf Rudi Dutschke erfuhr, mein kleines Bild von Rosa Luxemburg von der Wand und marschierte damit in den Republikanischen Club, wo ich das Bild von Rosa Luxemburg als Zeichen meiner Solidarität mit der Außerparlamentarischen Opposition überreichen wollte. Aber ich traf niemand an, alle waren auf der Straße und demonstrierten. Als ich wieder nach Hause kam, sagte mein Mann: «Du bist ja verrückt! Du bist verrückt, diese Leute überhaupt ernst zu nehmen!»

Ich wurde in dieser Zeit oft wegen meiner Kommentare angegriffen. Die einen schrieben, weil ich mir doch das Pseudonym «Stern» zugelegt hatte: «Gehen Sie dahin zurück, wo sie hingehören: nach Israel!» Die anderen schrieben, weil ich mich für die Entspannungspolitik einsetzte: «Gehen Sie dahin zurück, wo Sie hingehören: nach Ostberlin!» Und einer schrieb: «Im Unterschied zu diesem Weib ist Rosa Luxemburg noch eine Dame gewesen.» Ich habe ziemlich viel einstecken müssen, aber das hat mir nichts ausgemacht. Wer austeilt, muss auch einstecken.

Sie müssen bedenken, Willy Brandt war 1969 Bundeskanzler geworden und hatte die Entspannungspolitik eingeleitet. Ich gehörte zu den Journalisten, die diese Politik damals vorbehaltlos unterstützten. Nie wieder habe ich mich mit der Regierungspolitik so identifiziert, wie zu Zeiten Willy Brandts. Ich scheute mich zwar nicht, die Sozialdemokratie zu kritisieren, wenn mir das notwendig erschien. Aber im Prinzip war ich mit dieser Politik einverstanden und bewunderte den Bundeskanzler sehr.

Außerdem: Bundespräsident war zu dieser Zeit Gustav

Heinemann, mit dem mich eine tiefe Freundschaft verband und in dem ich meinen eigentlichen politischen Lehrer sehe. Er lehrte mich vor allem, dass Moral und Pragmatismus zusammengehören. Moral allein genügt nicht, wenn man nicht weiß, wie man sie wirksam umsetzen kann.

Aber Sie haben sich nicht nur bei Amnesty und bei der Entspannungspolitik gesellschaftlich engagiert.

Eines Tages kam Alice Schwarzer in mein Büro gestürmt. Sie wolle eine große Kampagne starten, sagte sie, unter dem Titel: Ich habe abgetrieben. Die solle im «stern» erscheinen. Wir Frauen müssten ein Zeichen setzen. Die Kampagne sollte endlich offen legen, wie viele Frauen von der Kriminalisierung der Abtreibung betroffen wären. «Wie viele Frauen werden denn mitmachen?», fragte ich leicht besorgt. «Wenn nur drei oder vier Frauen dabei sind, dann möchte ich mich lieber nicht beteiligen, denn ich habe keine Lust, demnächst vor Gericht erscheinen zu müssen.» Nein, nein, beruhigte sie mich, es würden mindestens dreihundert Frauen teilnehmen, darauf könne ich mich verlassen. Es waren dann sogar dreihundertvierundsiebzig, darunter bekannte Schauspielerinnen wie Senta Berger und Romy Schneider. Als der «stern» mit der Geschichte herauskam, waren die Männer im WDR entsetzt – und endlich einmal sprachlos.

Es war die schönste Zeit meines Berufslebens. Ich habe mich im WDR so wohl gefühlt! Es war von jeher mein Wunsch gewesen, im Rundfunk zu arbeiten. Ein Kindheitstraum. Schon meiner Oma habe ich vorgeschwärmt, wie ich später, wenn ich groß wäre, Nachrichten vortragen oder Geschichten im Radio erzählen würde. Aber es hat dann doch vierzig Jahre gebraucht, bis ich es geschafft hatte. Ich war Anfang vierzig, als ich die Stelle im WDR erhielt, und ich war eine Seiteneinsteigerin, wenngleich mit viel Erfahrung in der Welt der Politik. Auf keinen Fall wollte ich mich thematisch wieder auf die DDR einschränken lassen. Davon hatte ich nun wirklich die Nase voll, damit wollte ich nichts mehr zu tun haben. Ich spezialisierte mich stattdessen auf die bundesdeutsche Innenpolitik. Damals war es noch sehr schwer, im Politikressort Fuß zu fassen. Die Männer sind dann auch scharenweise an mir vorbeigezogen.

Der WDR war Ihre große Zeit. Aber bei manchen Kollegen waren Sie auch umstritten, oder?

Ich kann mich nicht erinnern, dass ich je auf offene Ablehnung gestoßen wäre oder ernsthafte Schwierigkeiten mit Kollegen gehabt hätte – mit Ausnahme der kopfschüttelnden Reaktionen auf meine Kommentare. Manchmal gab es Beschwerden, auch beim Intendanten, besonders vonseiten der katholischen Kirche. Aber Sie müssen sich vorstellen, als ich 1970 in den WDR kam, herrschte überall eine große Aufbruchstimmung. Die Mehrzahl meiner Kollegen war für die sozial-liberale Koalition, und jeder engagierte sich für Willy Brandt. Natürlich war es auch eine Zeit großer Polarisierungen. Man war entweder *für* die Ostpolitik oder *dagegen*, *für* die Entspannungspolitik oder *dagegen*. Man zeigte deutlich, wo man stand. Und man hatte auch Lust dazu. Ich fand, alle Meinungen sollten zu Wort kommen, aber die eigene sollte man auch deutlich und erkennbar ausdrücken können. Und das habe ich getan. Den Wert der Unabhängigkeit von allen Parteien habe ich erst spät begreifen gelernt. Als ich anfing, habe ich mich bei allen möglichen Leuten vorgestellt und bin gleich in die SPD-Zentrale geeilt, obwohl ich ohnehin schon wieder SPD-Mitglied war, und habe darum gebeten, an Hintergrundgesprächen teilnehmen zu dürfen. Ich habe mich auch nicht gescheut, in einzelnen Fällen gegen sozialdemokratische Politiker oder Parteitagsbeschlüsse oder gegen radikale Positionen der Jusos Stellung zu nehmen. Aber wenn es beispielsweise um eindeutige Schwächen von Willy Brandt ging, dann habe ich mich gern gedrückt. Ich habe erst spät gelernt, unabhängig zu denken.

In der Abteilung Politik waren Sie als Leiterin der Programmgruppe «Kommentare und Feature» die Vorgesetzte Ihres Mannes. Wie kamen Sie beide damit zurecht?

Als man mich fragte, ob ich die Programmgruppe übernehmen wolle, habe ich lange geschwankt, ob ich zusagen sollte. Ich sehe mich noch an meinem Schreibtisch sitzen und Listen erstellen – was spricht dafür und was dagegen. Die linke und die rechte Aufstellung waren gleich lang. Es sprach genauso viel dagegen wie dafür. Ich scheute eigentlich die mit diesem Karriereschritt verbundenen langen Sitzungen, Konferenzen und diesen ganzen Organisationskram, wunderte mich aber sehr darüber, wie heftig mein Mann dafür eintrat, dass ich diese Leitungsfunktion übernehmen sollte. Er redete mir ständig zu: «Ja, mach das! Mach das unbedingt!» Und ich überlegte ständig, warum er mich wohl so bedrängte. Inzwischen weiß ich es. Er sah voraus, dass ich ihm gar nichts, aber auch gar nichts würde sagen können. Man kann nicht seinen eigenen Ehemann zur Rechenschaft ziehen. Man kann nicht seinen eigenen Ehemann vor anderen kritisieren. Wie sollte das gehen? «Hör mal, ich finde, du machst ein bisschen zu lange Mittagspause. Hast du nichts zu tun?» Das wäre unmöglich gewesen. Mit seinem Ehemann konnte man nur einvernehmlich kooperieren und war dabei auf seine gutwillige Bereitschaft angewiesen. Kurz gesagt: Heinz Zöger hatte eine gute Zeit bei mir. Ich würde nicht behaupten wollen, dass er das besonders ausgenutzt hätte. Aber wenn mich eine Frau fragen sollte: «Sag mal, was denkst du, kann ich die Vorgesetzte meines Mannes sein?», dann würde ich antworten: «Kannst du machen, wenn du meinst. Aber sagen kannst du ihm nichts.»

Sie waren erfolgreicher als er, Sie waren eine öffentlich bekannte Person, anders als er. Wie sind Sie beide damit umgegangen?

Zöger konnte damit sehr gut umgehen. Das hat mich beeindruckt. Er akzeptierte, dass ich an den Wochenenden oft nicht da war, vielleicht hat er es auch genossen, seine Freiheit zu haben. Ich bin oft mit Delegationen gereist, nach China und nach Afrika. Dann blieb er allein zurück. Anfangs hat er oft den Kopf geschüttelt, weil er meine Art für ganz unmöglich hielt, aber schließlich sah er, dass ich Erfolg damit hatte. Das hat er dann auch anerkannt. Da er selbst eigentlich keinen großen beruflichen Ehrgeiz hatte, konnte er mich auch für diesen Erfolg bewundern und jeden Konkurrenzkampf mit mir vermeiden. Er hat höchstens zuweilen gesagt: «Na, Carlchen Maulaufreißer, heute bist du wohl wieder auf deine Kosten gekommen!» Er hatte seine eigene Welt, in der er gelebt hat. Politisch waren wir oft unterschiedlicher Meinung und konnten uns darüber auch heftig streiten.

Gab es in Ihrer Beziehung für Ihre berufliche und öffentliche Dominanz irgendeinen Ausgleich?
Er war unvergleichlich gebildeter. Ich habe durch ihn viel gelernt über Musik, über Theater, über Bücher. Beide gingen wir gern ins Kino oder ins Theater, am Anfang auch gern tanzen miteinander. Sein eigentliches Problem war, älter zu werden, nicht mehr der strahlende Held, der Mann zu sein, der selbst junge Frauen entzückt. Nach dem Leben, das er hinter sich hatte, war er zu kaputt, als dass ihm Erfolg noch etwas bedeutet hätte.

Anfangs hatten wir Schwierigkeiten, als er schon pensioniert, ich aber noch im WDR tätig war. Zu meiner freudigen Überraschung hatte er erklärt: «Also, jetzt mache ich den Haushalt. Das geht nicht, dass du im Beruf stehst und dann auch noch die Hausarbeit machst. Das mache ich jetzt.» Ich war erleichtert. Tja, und dann kam ich abends nach Hause, ging durch unseren Vorgarten und dachte: Hast du ihm denn nicht schon dreimal gesagt, er soll das Unkraut hacken? Und es ist immer noch nicht gehackt! Kaum trat ich in den Flur, war meine erste Bemerkung: «Sag mal, Heinz, das Unkraut ist ja immer noch nicht gehackt! Was machst du eigentlich den ganzen Tag?» Mein Mann fühlte sich sofort schuldig: «Ja, ja, ich weiß. Aber ich bin nicht dazu gekommen, ich musste so viel einkaufen und anderes erledigen.»

Seit dieser Erfahrung glaube ich nicht mehr an den oft behaupteten Geschlechterunterschied. Es geht nur um Arbeitsteilung. Wenn der eine die ganze Drecksarbeit macht und der andere sich den so genannten sinnvolleren Tätigkeiten widmen kann, dann kommt es früher oder später zu Konflikten, ganz unabhängig davon, welche Rolle der Mann hat oder die Frau.

Oder ein anderes Beispiel: Ich kam nach Hause, mein Mann hatte den Abendbrotstisch sehr schön gedeckt. Und dann setzte ich mich und sagte: «Einen Augenblick noch, ich muss nur nochmal eben in die FAZ schauen, was die über die Sendung gestern geschrieben haben.» Dann kam es schon vor, dass mein Mann mit der Faust auf den Tisch hieb und sagte: «Ich habe jetzt zwei Stunden in der Küche gestanden, um das Abendessen vorzubereiten, und dann hast du die Frechheit, hier als Erstes die Zeitung zu lesen! Denk bloß nicht, dass das alles selbstverständlich ist, was ich hier für dich tue.»

Ich konnte dann ziemlich überheblich werden, wie man es eben oft von Männern kennt: «Oh, jetzt geht das schon wieder los!» – Sendepause. Schweigen. Bis dann irgendwann wieder alles gut war. Aber auf seine Weise hat mein Mann mich dann schließlich doch noch bestraft für mein damaliges Verhalten. Als ich auch pensioniert wurde, wollte ich gern mal wieder etwas für uns kochen. Es hätte mir Spaß gemacht. Aber mein Mann sagte: «An den Kochtopf kommst du mir nicht mehr. Dazu bist du mir nicht eigen genug. Das mache ich selbst.» Ich durfte nur noch niedere Küchendienste verrichten – den Mülleimer hinaustragen oder abwaschen; alle feineren Sachen in der Küche machte er. Und das Ergebnis ist, dass ich heute überhaupt nicht mehr kochen kann.

Er hat Ihnen die klassische Frauenrolle streitig gemacht?

Genau.

Aber war das nicht eine Zeit lang ganz schön für Sie, sich um nichts kümmern zu müssen?

Klar. Bloß habe ich so viel dabei verlernt. Ich bin so unpraktisch geworden, ich kann fast nichts mehr. Ich weiß nicht einmal, wie man die Waschmaschine anstellt.

Aber Sie wollten auch nie wirklich praktisch sein?

Das stimmt, das war nicht mein Ding. Wenn andere Frauen immer gleich aufspringen, soll ich helfen, kann ich schon abräumen – auf so etwas habe ich mich von früh auf nicht eingelassen, sondern mich immer verweigert, weil ich den Verdacht hatte, die wollen eine richtig gute Hausfrau aus dir machen, und das ist es dann. So kommst du nicht weg von der Insel, so kommst du nicht weg. Du musst dich solchen Rollen verweigern.

Und wie kam es zu dem Ausdruck «Carlchen Maulaufreißer»?

Mein Mann hatte die Vorstellung, dass man Aufmüpfigkeit vermeiden solle. Bitte keine Aufmüpfigkeit! Ich hingegen hatte irgendwann so viel Selbstsicherheit gewonnen, dass ich keine Scheu hatte, auch vor dem Intendanten meine Meinung zu sagen, in den Redaktionskonferenzen Kritik zu üben, zu spotten oder ironische Bemerkungen zu machen. Oder mich zuweilen auch zu beschweren. Diese Bürgerwelt, die da am Redaktionstisch versammelt war, die nötigte meinem Mann einen gewissen Respekt ab. Er hatte nie in einer solchen Welt gelebt, unter Bürgern, die feine Manieren hatten, in der Goethe-Gesellschaft Mitglied waren und auch sonst in den besten Kreisen verkehrten. Vielleicht tue ich ihm Unrecht – aber ich glaube, mit solchen Leuten wollte er sich nicht anlegen.

Er machte das, was er für richtig hielt, aber er gehörte nicht zu den Maulaufreißern.

Außerdem hatten wir ziemlich oft politische Meinungsverschiedenheiten. Das galt besonders für die Zeit der Großen Koalition. Ich war eine erbitterte Gegnerin der Großen Koalition, mein Mann ein fanatischer Anhänger. Und dann zählte er mir auf, welche Reformen von dieser Koalition schon in die Wege geleitet worden waren. Ich war dann meist schon hell entflammt und schrie: «Aber die Notstandsgesetze, die hast du wohl vergessen!» Die von der Großen Koalition erlassenen Notstandsgesetze, die in Ausnahmefällen die bürgerlichen Rechte beschnitten, waren bei mir – wie bei vielen anderen – auf großen Protest gestoßen. Und dann sagte Zöger: «Carlchen, du bist ein Maulaufreißer, es ist unerträglich. Warum kann man mit dir keine politische Diskussion in ruhigem Ton führen, wo jeder seine Argumente sagt? Warum reißt du dein Maul immer derart auf, dass man sagt: Kinder, es hat keinen Zweck, mit der zu reden!» Und in späteren Jahren pflegte er zu sagen: «Carlchen Maulaufreißer! Überleg dir, was du sagst und wie weit du deinen Mund aufmachst. Wir haben nicht mehr viel Zeit miteinander. Wir wollen freundlich und sanft miteinander umgehen und nicht so herumkrakeelen, wie du es jetzt tust!»

Hat der Ausdruck Sie geärgert?

Nein, ich fand ihn liebenswert. Und inzwischen ist er mir so in Fleisch und Blut übergegangen, dass ich manchmal neben mir stehe und denke, jetzt bist du wieder Carlchen Maulaufreißer.

Was, würden Sie sagen, waren Ihre wichtigsten persönlichen Entscheidungen, die immer auch etwas Neues haben folgen lassen?

Sehr früh fiel die Entscheidung, eine berufstätige Frau zu werden. Die nächste Entscheidung war die, Journalistin werden zu wollen. Schon als Schülerin bin ich nach Stettin gefahren, um den Chefredakteur der «Pommerschen Zeitung», der bei uns mal Badegast gewesen war, auszuquetschen, wie man Journalistin wird. Er würde mir dringend raten zu studieren, hatte er gesagt, und insofern war für mich die Sache klar. 1946, als ich eine kurze Zeit lang bei meinen Verwandten wohnte, bin ich von Redaktion zu Redaktion gelaufen, um ein Volontariat zu ergattern. Und selbst auf der Parteihochschule war ich entschlossen, Bücher zu schreiben, eine Biografie über Ernst Thälmann zum Beispiel. Ich hatte einfach das starke Bedürfnis zu schreiben, das zieht sich durch mein ganzes Leben.

Die nächste folgenschwere Entscheidung war die Bewerbung beim Raketenforschungsinstitut in Bleicherode, denn ohne diese Stelle wären die Amerikaner nicht auf mich aufmerksam geworden. Dann die Entscheidung, bei den Amerikanern weiterzumachen, auch nach dem Tod meiner Mutter. Die Flucht aus Kleinmachnow würde ich nicht eine echte Entscheidung nennen, denn das geschah unter Zwang.

Danach folgte die Entscheidung, in Berlin zu studieren. Damit lernte ich Richert kennen. Und ich konnte endlich meinem Wunsch nachgeben herauszufinden, wie politische Wirklichkeiten funktionieren.

Dann die Entscheidung, die Nervenklinik gegen den Rat des Arztes zu verlassen und mich wieder der Realität – und meinen Ängsten – zu stellen und nach Köln zu gehen. Die

Beschäftigung mit der DDR bewirkte zwar, dass mir vorübergehend die schönen Künste und die Literatur abhanden kamen, dafür aber faszinierte mich die Politik. Dann wiederum die Entscheidung, zusammen mit Gerd Ruge, *Amnesty International* zu gründen – eine Entscheidung, auf die ich immer noch sehr stolz bin. Die war sicherlich noch geprägt von meiner Erfahrung in der DDR, dass man mitverantwortlich ist für die Gesellschaft, in der man lebt. Zum Rundfunk zu gehen war eigentlich keine Entscheidung, das hatte ich mir lange schon gewünscht. Als sich dann endlich eine Möglichkeit ergab, diesen Wunsch Wirklichkeit werden zu lassen, habe ich eben zugegriffen.

Und schließlich bin ich sehr stolz auf meine letzte große Entscheidung, nämlich mit sechzig Jahren noch einmal einen neuen Beruf zu ergreifen und endlich Schriftstellerin zu werden.

Verlagslektorin in Köln – da habe ich viel gelernt.

Die Welt der Bücher

In Ihrem Zusammenleben mit Heinz Zöger spielte Literatur eine große Rolle.

Heinz Zöger hat mich eingeführt in die Weltliteratur. In den acht Jahren, die er im Zuchthaus saß, hatte er unendlich viele Bücher gelesen, die ich nicht kannte. Wir haben viele lange Abende damit verbracht, uns daraus vorzulesen, in unserem großen Wohnzimmer. Jeder saß in seinem Sessel, ich las vor, und er hörte zu. Ich mochte nicht zuhören, aber er war ein großer Zuhörer. Dafür durfte er bestimmen, was wir lasen. Und so haben wir den ganzen Fontane zusammen gelesen, Dickens, Maupassant, auch Sartre und selbst Homer. Bei Dickens musste ich immer weinen. Anschließend haben wir uns über das Gelesene unterhalten. Das war ein wunderbares Zusammensein.

Und dann hat er es Ihnen erklärt, oder haben Sie diskutiert?

Wir haben uns über die literarischen Figuren unterhalten, wen wir mögen, wen nicht. Zöger liebte den alten «Stechlin» und ich Joseph Roths «Radetzkymarsch», aber manchmal konnte ich ihm nicht folgen. Proust zum Beispiel, von dem er jede Zeile kannte, war mir zu langweilig.

Wann hatten Sie denn die Idee zu Ihrem ersten Buch?

Wissen Sie, eigentlich konnte ich nie länger als zehn Jahre ein und dasselbe machen. Zehn Jahre, die waren für mich die Grenze, dann hatte ich das Bedürfnis nach etwas Neuem. Aber als ich beim WDR anfing, war ich schon Anfang vierzig, und ich machte mir keine Illusionen, dass ich zehn Jahre später noch einmal wieder einen neuen Job finden könnte. Das wäre wohl ziemlich aussichtslos gewesen. Hier würde ich bis zum Ende meines Arbeitslebens bleiben müssen. Also bin ich im WDR fünfzehn Jahre geblieben, und das mit großer Freude. Aber dann hatte ich das Gefühl: Nun ist es genug, nun ist es wirklich genug. Aber was sollte danach kommen? Was wollte ich machen, wenn ich sechzig sein würde?

Und da kam mir die Idee, doch noch einmal etwas ganz Neues zu wagen, einen neuen Beruf in Angriff zu nehmen und Schriftstellerin zu werden. Als ich achtundfünfzig wurde, habe ich nur noch einen halben Monat gearbeitet und mich in der übrigen Zeit darauf vorbereitet, Bücher zu schreiben.

Als erstes Projekt wollte ich meine Autobiographie, meine Kindheit und Jugend bis 1945, und die Biographie meines Mannes aufschreiben, der in der Nazizeit im kommunistischen Widerstand gewesen ist und 1945 aus dem Zuchthaus Halle befreit wurde. Die Welt der Jasager und die Welt der Neinsager, in *einem* Buch zusammen dargestellt, diese Idee faszinierte mich. Zwei gegensätzliche Welten anhand eines Paares vorzustellen, das hatte bisher noch niemand gemacht. Das sollte mein erstes Buchprojekt nach meiner Pensionierung werden.

Sie hätten ja auch Romane schreiben können oder reine Sachbücher. Aber Sie hatten sich entschieden, Ihr Leben öffentlich zu machen.

Ich habe mir das gründlich überlegt. Als Lektorin bei Kiepenheuer & Witsch hatte ich viele Sachbücher betreut, und in den fünfziger Jahren, als ich noch Assistentin an der Freien Universität in Berlin war, hatte ich zwei Bücher zur Geschichte der SED veröffentlicht. Es reizte mich gar nicht, ein konventionelles, womöglich wissenschaftliches Sachbuch zu schreiben, mit Fußnoten und Anmerkungsapparat. Das war mir nicht «sinnlich» genug. Fünfzehn Jahre lang hatte ich politische Features und Kommentare geschrieben – die Aussicht, dies noch einmal in Büchern fortzusetzen, lockte mich nicht. Einen Roman zu schreiben, traute ich mir nicht zu, dafür habe ich nicht genug Phantasie. Aber ich interessiere mich sehr für Menschen, für ihre Lebensgeschichten.

Während meiner Zeit im WDR habe ich über die Geschichte und die Kunst der Biographie einmal eine lange Sendung gemacht. Biographien, dachte ich, das ist das Richtige für dich. Und dass es inzwischen zwei Autobiographien geworden sind, liegt vermutlich daran, dass ich ein extrovertierter Mensch bin.

Erzählen Sie dabei wirklich alles?

Fast alles.

Wie sind Sie denn überhaupt auf Bücher gekommen? Wie ist die Liebe zur Literatur entstanden?

Zu der verklärenden Erinnerung an meinen Vater gehörte ein großer Eichenbücherschrank, der noch heute im Wohnzimmer meines Vetters steht.

In diesem Schrank befanden sich die Werke der Klassiker, ganz oben sieben oder acht Bände von Shakespeare. Als Kind las ich mir immer laut die Buchrücken mit diesem seltsamen Namen vor: «Schaakes-pe-are». Bis mich jemand aufklärte – der hieße nicht Schaakes-pe-are, sondern Shakespeare. Aber bevor ich wusste, dass Schaakes-pe-are Shakespeare ist, kannte ich schon den «Hamlet». Und Goethe. Niemand hat mich in diese Art von Literatur eingeführt. Besonders die Dramen hatten es mir angetan, in denen suchte ich auch nach Rollen, die für mich geeignet erschienen.

Im unteren Teil des Schrankes befanden sich Schubladen, in denen Briefe meines Vaters lagen, kleine Zettel mit Notizen und die Postkarten, die er meiner Mutter aus Italien geschickt hatte. Diese Welt zu entdecken, fand ich wunderschön. Es war meine ganz eigene Welt. Und sie verband sich mit meinem Vater, durch ihn habe ich die Welt der Bücher kennen gelernt.

Aber in dem Alter konnten Sie das inhaltlich doch noch gar nicht verstehen, was Sie da lasen. War es Faszination?

Es war Schwärmerei. Es war die Neugier auf den Stoff des Lebens, auf die Liebe und warum Menschen für die Liebe zu sterben bereit sind. Wie Tragödien entstehen und warum sie Menschen so große Schmerzen zufügen können, dass sie sich umbringen. Was in diesen Büchern über das Leben geschrieben stand, konnte ich nicht am Ahlbecker Strand erfahren, und in der Schule schon gar nicht. Es war eine ganz andere Welt als die mir bekannte. Eine, in der ich mich am Rhythmus der Gedichte berauschen konnte und an der Schönheit der Sprache. Hätte mich einer gefragt, warum ich diese Sprache schön fand, hätte ich es nicht erklären können. Nietzsche zum Beispiel habe ich gelesen, ohne ihn wirklich zu verstehen. Aber die Wörter, die er gebrauchte, die fand ich wunderschön.

Wie haben Sie sich denn in solcher Literatur zurechtgefunden? «Hamlet» ist ja schließlich keine leichte Kost?

Ich war hauptsächlich erpicht auf Liebesgeschichten. Am liebsten in Versform. Dann habe ich das Buch genommen, bin ins Schlafzimmer gegangen und habe mich vor dem großen Schrank mit Spiegel aufgebaut und aus dem Buch rezitiert: «Der Prinz: Grausamer Vater, was haben Sie getan! Odoardo: Eine Rose gebrochen, ehe der Sturm sie entblättert. – War es nicht so, meine Tochter?» Das war aus «Emilia Galotti»! Ich konnte stundenlang vor dem Spiegel stehen und solche Sätze möglichst eindrucksvoll deklamieren. Später, als ich vierzehn war, habe ich das Stück zum ersten Mal mit meiner Mutter in Stettin gesehen. Am folgenden Abend haben wir Richard Wagners Oper «Lohengrin» gehört. Diese Theaterbesuche gehörten mit zu den schönsten Erlebnissen meiner Kindheit und Jugend.

Waren die Verse für Sie auch eine Art Fluchtpunkt?

Vermutlich ja.

Wovor?

Die Schule hat mich gelangweilt. Es gab so viele Fächer, die mich nicht interessierten. Mich interessierte eigentlich nur Deutsch, und das unterrichtete eine Lehrerin, die meine Phantasie eher abtötete, als sie zu beflügeln. Aber irgendwo musste ich hin mit meinen Träumen, und dafür suchte ich in der Literatur eine Bleibe. Bis heute bedaure ich allerdings, dass ich keinen Menschen gefunden habe, mit dem ich über meine Lektüre sprechen konnte – jemand, der mir die Klassiker wirklich nahe gebracht und mich gelehrt hätte, sie zu verstehen und zu analysieren. Das hat mir mein ganzes Leben lang gefehlt.

Sie hatten einen sehr eigenwilligen Zugang zur Literatur.

Einen sehr dilettantischen.

Waren Sie Ihren Lehrern gegenüber arrogant?

Nur im Deutschunterricht. Da fühlte ich mich ebenso unverstanden wie überlegen. Goethes «Faust» zum Beispiel, als wir den in der Schule durchnahmen, hatte ich ihn schon längst gelesen, allein, für mich. Fräulein Fischer hat uns damals hauptsächlich vor Augen führen wollen, wie es Mädchen ergeht, die sich einem Mann hingeben, ohne mit ihm verheiratet zu sein. Ich war empört!

Oder Hölderlin, für mich einer der größten Dichter. Ich wies Fräulein Fischer darauf hin, dass wir unbedingt den «Hyperion» lesen müssten, aber da sie wenig Ahnung von Hölderlin hatte, war sie auch nicht am «Hyperion» interessiert.

Als sie uns als Abiturspruch ein Wort von Wilhelm Raabe mit auf den Weg gab: «Sieh nach den Sternen, gib acht auf die Gassen», betrachtete ich das als besondere Gemeinheit, denn ich war überzeugt, dass sie mich meinte – eine, die ständig nach den Sternen guckte und zu wenig auf die Gassen Acht gab. Und ich dachte für mich, ja, ja, Fräulein Fischer hat bestimmt ihr ganzes Leben damit verbracht, nur auf die Gassen zu gucken, nach den Sternen hat die bestimmt nie gegriffen.

Und welche Bedeutung hat die Literatur später für Sie gehabt?

Erst lange nach 1945 versuchte ich mir Klarheit darüber zu verschaffen, was eigentlich noch geblieben war, nachdem alles, woran ich geglaubt hatte, zusammengebrochen war und sich als falsch erwiesen hatte. Was blieb mir dann eigentlich noch für mein Leben? Goethe? Shakespeare? Die deutschen Klassiker? War das nicht alles beschädigt, eine Form der «Verinnerlichungskultur», wie ein Zeithistoriker es mal genannt hat, die nur dazu diente, die grausame Welt der Nazis nicht zur Kenntnis zu nehmen? Bin nicht auch ich in die Welt der Dichtung geflohen? Ich sehe mich auf dem Bett meines möblierten Zimmers in Bleicherode sitzen und Mörike-Gedichte lesen, Eichendorff und immer wieder Goethe, und zwar in dem Gefühl, das ist geblieben. Das kann uns keiner nehmen. Das ist etwas, an dem du dich festhalten, das du mit ins Leben nehmen kannst: die Dichtung.

Es hat dann eine ganze Zeit gedauert, bis Sie auf eine ganz andere, sehr persönliche Art mit Literatur in Berührung kamen. Das war, als Sie in den fünfziger Jahren aus Furcht vor einer möglichen Entführung eine Zeit lang in London lebten.

Also ich kann Ihnen sagen, das war eine verrückte Zeit. Ich war mit Hilfe Berliner Freunde, der Flechtheims, zu dem Dichter Erich Fried geflüchtet, der in London wohnte und in seinem Haus eine Art Literaten-Wohngemeinschaft hatte, in der mehrere schräge Zeitgenossen Unterschlupf gefunden hatten. Ich habe dort die unbeschwertesten Wochen meines Lebens verbracht. Wir gingen in Pubs, um zu diskutieren, und neben mir am Tresen saß der schweigsame Elias Canetti. Manchmal las Erich mir in seinem Arbeitszimmer seine Übersetzung von Dylan Thomas' «Unterm Milchwald» vor und legte mir die Lektüre von Ernst Jünger ans Herz. Erich hatte eine so weiche melodische Stimme, dass ich bereit war, auf alles zu hören, was er sagte. Selbst im Waschsalon deklamierte er Gedichte – ich hätte ihm stundenlang zuhören können. Nur wenn er von mir wissen wollte, was ich von diesem oder jenem Gedicht hielt, das er mir vortrug, fühlte ich mich überfordert. Ich war schließlich keine Lyrikexpertin.

Sie haben ihn sehr verehrt.

Nein, nicht verehrt. Ich spürte eine herzliche Zuneigung zu ihm, ich hätte ihn gern mal in die Arme genommen, ich wollte ihm Liebes tun und empfand mich als seine Schwester. Als ich nach Berlin zurückkam, habe ich gleich angefangen, eine Geschichte zu schreiben – die Geschichte vom großen H in meiner Schreibmaschine. Ich war so angeregt, selbst etwas zu schreiben, wie selten in meinem Leben. Die Fried'sche Wohngemeinschaft hat bestimmt meinen Sinn fürs Komische gefördert. Ich weiß, dass ich ein Talent dafür habe, leider aber nicht die Phantasie, mir komische Situationen selbst auszudenken, ich brauche Anregungen. Die hatte ich dort, das war so wunderbar in dieser Londoner Zeit, die sicherlich dazu beigetragen hat, mich von der Wissenschaft abzubringen und mich stärker der Literatur und der Kunst zuzuwenden. Ich verdanke dieser Zeit meine Lebensfreundschaft mit den Löwenthals, mit Richard Löwenthal, der später Professor an der Freien Universität wurde, und mit seiner Frau Lotte.

Das Wichtigste aber an der Begegnung mit Erich Fried war für mich, dass ich bei ihm lernen konnte, was Menschenfreundlichkeit ist – frei von Argwohn und Neid einander zugetan sein. Es war sehr traurig, dass unsere letzte Begegnung ganz anders verlief.

Es war auf dem Höhepunkt der RAF-Zeit, nach den Selbstmorden der Stammheimer Häftlinge. Erich Fried fühlte sich der Außerparlamentarischen Opposition und der radikalen Linken sehr verbunden, auch den Stammheimer Häftlingen. Er glaubte fest daran, dass sie nicht Selbstmord begangen hatten, sondern ermordet worden waren.

Ich weiß noch, wie wir uns darüber in der Kantine des Westdeutschen Rundfunks heftig stritten. Ich war kurz vor einem Tränenausbruch, weil ich so unglücklich darüber war, dass die wunderbare Harmonie und das tiefe Freundschaftsgefühl durch unsere politische Meinungsverschiedenheit so gestört wurden.

Später, als Lektorin, sind Sie Ihrem ersehnten Dichterhimmel noch näher gekommen.

Zunächst war ich von dem Dichterhimmel ziemlich enttäuscht. Ich hatte Götter erwartet und begegnete nun ganz normalen Menschen, viele sehr eitel, andere ehrgeizig, manche auch weniger sympathisch – also, es gab nur ganz wenige Dichtergötter.

Und überhaupt war diese Zeit, dieser neue Anfang sehr schwer für mich. Ich litt immer noch unter Depressionen. Und ich verdiente sehr wenig Geld, mein Gehalt betrug 750 Mark, ausgezahlt 550 Mark. Ich war notgedrungen sehr sparsam und kaufte nur vom Billigsten. Abends habe ich lange im Verlag gearbeitet, um alles erledigen zu können, und dann bin ich nach Hause gegangen in mein Zimmer und habe gelesen.

Sie waren zu dieser Zeit sehr menschenscheu.

Ich hatte Schwierigkeiten, das auszudrücken, was ich sagen wollte. Fremden gegenüber war ich wortkarg und schweigsam. Aber da alle Kollegen überaus freundlich zu mir waren, haben sie es mir sehr erleichtert, mich in ihren Kreis einzufügen. Ich hatte gern mit Büchern zu tun, mit Manuskripten und mit Menschen, die Bücher machen und lieben.

Eines Tages bat mich meine Kollegin Frau Spittmann, ob ich nicht ausnahmsweise doch mal einen kleinen Kommentar schreiben könnte, irgendein afrikanischer Staat hatte die DDR anerkannt. Ich dachte, das kann ich nicht ablehnen, so freundlich wie die alle hier zu mir sind. Und damit war der Bann eigentlich schon gebrochen. Wenig später standen dann die Kollegen vom Lektorat vor meinem Schreibtisch: «Wir bringen das Tagebuch von Trotzki heraus, aber das Vorwort ist ziemlich misslungen. Könnten Sie sich nicht doch entschließen, das Vorwort zu schreiben?» Davor hatte ich eine Heidenangst. Ich habe mich dann einige Tage nach Hause zurückgezogen und ein neues Vorwort geschrieben. Damit war der Bann endgültig gebrochen, und ich konnte wieder schreiben. Das war wie eine Befreiung.

In der Verlagsarbeit ging es für mich auch langsam aufwärts. Kiepenheuer & Witsch existierte erst seit den fünfziger Jahren. Witsch war aus der DDR geflüchtet und wollte eigentlich mit dem alten Kiepenheuer im Westen neu anfangen. Der starb aber, und so versuchte Witsch es allein. Das war nicht einfach. Für die politischen Bücher, überwiegend antikommunistische Literatur, die bei ihm erschienen, gründete er den Verlag für Politik und Wirtschaft. Dessen Bücher wurden oft in größeren Stückzahlen vom Gesamtdeutschen Ministerium abgenommen, das die Bücher dann als Propagandamaterial kostenlos verteilte. Über einige dieser Werke breitet man besser den Mantel des Schweigens – sie waren auf eine ziemlich plumpe Weise antikommunistisch. Das störte mich schon damals. Aber sie brachten Witsch Geld ins Haus.

Geleitet wurde der Verlag für Politik und Wirtschaft von einem baltischen Baron von Nottbeck, der sich eines Tages die ziemlich naheliegende Frage stellte, warum er das Geld, das durch seine Beziehungen zu anderen baltischen Baronen im Gesamtdeutschen Ministerium hereinkam, nicht in seine eigene Tasche wirtschaften sollte. Er kündigte an, einen eigenen Verlag gründen zu wollen – zusammen mit Wolfgang Leonhard, dem Bestsellerautor des Verlages Kiepenheuer & Witsch.

Die beiden übernahmen für ihren Verlag das weitgehend vom Gesamtdeutschen Ministerium finanzierte «SBZ-Archiv», in dem ich arbeitete. Mir machte diese Entwicklung ziemliche Sorgen. Ich hatte schreckliche Angst, demnächst wieder auf der Straße zu stehen. Denn es war keine Rede davon, dass sie mich mitnehmen würden. Das hätten sie sich auch kaum erlauben können, und ich wiederum verspürte keine große Neigung, an diesem noch unbekannten neuen Verlag für antikommunistische Literatur mitzuarbeiten.

Witsch war wütend, dass er das «SBZ-Archiv», seine ergiebige Einnahmequelle, verloren hatte. Er wollte aber weiterhin politische Bücher verlegen. Und da er jetzt keinen Lektor für diese Bücher mehr an der Hand hatte, sagte er: «Das können Sie ja erst einmal machen, Frau Stern.»

So zog ich in das Zimmer von Herrn von Nottbeck um und fing an, politische Bücher zu lektorieren. Dieser Karrieresprung gab mir neues Selbstbewusstsein. Witsch ließ mich machen, bis ich eines Tages zu ihm sagte: «Wissen Sie, Herr Dr. Witsch, da arbeite ich nun schon seit Monaten in Ihrem Verlag, ohne dass Sie auch nur ein einziges Mal das Gespräch mit mir gesucht hätten. Müssten wir uns denn nicht endlich einmal über die Konzeption, das Programm und über Autoren unterhalten? Haben Sie denn überhaupt nicht das Bedürfnis, mit mir mal zu reden?» Witsch war ganz betroffen und lud mich ein zu einem längeren Gespräch.

Von da an arbeiteten wir eng zusammen – wir verstanden uns gut, und er schätzte mich. Ich war fest entschlossen, nur solche Bücher herauszubringen, mit denen man sich sehen lassen konnte. Denn immerhin gehörten zu Kiepenheuer & Witsch so angesehene Autoren wie Heinrich Böll, Manès Sperber, Czesław Miłosz und Hermann Kesten. Als ein feiner älterer Herr, zugleich aber ein ausgewiesener Reaktionär, bei Witsch sein zweites Buch veröffentlichen wollte, marschierte ich zu Witsch ins Büro und protestierte: «Lieber Herr Dr. Witsch, schließlich biete ich Ihnen auch nicht Eduard von Schnitzler als Autor an!» Witsch sah das ein.

Allmählich fand ich in Köln auch Anschluss an Leute,

die mir politisch nahe standen. Ich war Mitglied des Republikanischen Clubs und dadurch mit einigen WDR-Redakteuren bekannt. Und so kam Gerd Ruge zu mir und fragte mich, ob ich an einem Buch über seine Korrespondentenzeit in der Sowjetunion interessiert wäre. Mit Klaus Bölling machte ich ein Buch über die Bundesrepublik. Und eines Tages tauchte auch mein guter Freund bis heute, Peter Bender, auf und bot an, etwas über die Notwendigkeit einer neuen Ostpolitik nach dem Mauerbau zu schreiben. Ich ahnte schon, dass es nicht einfach werden würde, Joseph Caspar Witsch für ein solches Projekt zu begeistern, schließlich war er ein glühender Verehrer Konrad Adenauers. Als ich ihm den Vertrag für Benders Buch «Offensive Entspannung» auf den Schreibtisch legte, reagierte Witsch erwartungsgemäß: «Um Gottes willen, was soll das denn?» – «Das ist die theoretische Grundlage für eine neue Ostpolitik. Wir müssen das machen.» Witsch entgegnete: «Ich habe nur *eine,* dafür aber eine entscheidende Frage: Glauben Sie denn, dass man das verkaufen kann?» Als ich bejahte, setzte er seine Unterschrift unter den Vertrag. Wir verkauften das Buch gut, und ich bin bis heute stolz darauf, auf meine Weise zu einer neuen Ostpolitik beigetragen zu haben.

In den Jahren darauf habe ich eine Reihe von Standardwerken übersetzen lassen, Bücher von der Oxford oder der Cambridge University Press. Mehr als drei- oder viertausend Exemplare wurden davon meist nicht verkauft, aber sie haben dem seriösen Renommee des Verlages sehr gedient.

Witsch verließ sich meist auf meine Entscheidungen – bis ich eines Tages einen großen Fehler machte, den er bis zum Ende seines Lebens nicht vergessen konnte. In der

«Kölnischen Rundschau», die der CDU nahe stand, erschienen Karikaturen eines Zeichners, dessen Namen ich verdrängt habe. Der kam eines Tages zu Witsch. Mit lauter Cartoons, die er unter dem Titel «Meine Adenauer-Memoiren» veröffentlichen wollte, mit kleinen Texten in krakeliger Schrift jeweils unter den einzelnen Cartoons, sodass das Buch wie ein Schulheft aussehen sollte. Ich konnte nichts damit anfangen. Außerdem wollte ich mit Adenauer nichts zu tun haben. «Wollen wir das wirklich machen?», fragte ich Witsch. «Wieso?», sagte Witsch. «Das ist doch mal was anderes. Und ganz hübsch.» Ich fummelte an den Texten herum, um sie zumindest etwas geistreicher zu machen, aber es gelang nicht. Mir fehlte dafür die Erfahrung. Und ständig überlegte ich, wie ich den Verleger von diesem Projekt abbringen könnte. Bis ich den rettenden Einfall zu haben glaubte: «Sagen Sie mal, Herr Dr. Witsch, haben Sie schon einmal darüber nachgedacht, dass der Bundeskanzler Ihnen ein solches Buch übel nehmen könnte? Karikaturen über den Kanzler? Also, ich weiß nicht, ob das nicht Ihre guten Beziehungen zu Adenauer trüben wird.» Witsch wurde unsicher und rang sich schließlich dazu durch, dem Autor abzusagen. Das Buch wurde später ein richtiger Bestseller, und Witsch ließ keine Gelegenheit aus, vor anderen darauf hinzuweisen, welcher Erfolg dem Verlag durch meine falsche Entscheidung entgangen war.

Aber es kam auch vor, dass ich ihn vor unüberlegten Entscheidungen bewahrte. Witsch war, wie viele Verleger, anfällig für Großspurigkeit. Einmal hatte er einem Autor einen Vorschuss von zehntausend Mark zugesagt, ohne von diesem bei Vertragsabschluss auch nur eine einzige Zeile in den Händen zu halten. Der Autor wusste noch nicht einmal, über welches Thema er denn zu schreiben geruhte! Zehntausend Mark, das war damals ein hübsches Sümmchen für einen Vorschuss. Ich sollte mit dem Autor dann weitere Details des Vertrages aushandeln – alles eine Schnapsidee. Ich marschierte zu Witsch und fragte ihn erbost: «Sagen Sie mal, welcher Teufel hat Sie denn geritten, diesem Mann zehntausend Mark Vorschuss zu versprechen? Der hat noch nie ein Buch geschrieben! Wir haben keine einzige Zeile bisher von ihm gesehen!» Witsch hingegen war der Meinung, an einem Mann, der so aufzutreten verstünde und so viel Geld verlange, müsse was dran sein. Das habe ihm, Witsch, eben imponiert. «Und ein Mann, der sich davon beeindrucken lässt, an dem kann nicht viel dran sein», entgegnete ich. «Meinen Sie, das ist ein Risiko?» – «Verlangen Sie dem Mann vor einer Vorschusszahlung zumindest fünfzig Seiten Probetext ab!» Die sind nie gekommen, und so bewahrte ich Witsch davor, zehntausend Mark zum Fenster hinauszuwerfen.

Das war die Zeit, in der Sie zu sich selbst gefunden haben?

Ja, das muss man sagen. Ich fühlte mich immer sicherer in der Lektoratsarbeit und in meiner Stellung im Verlag. Ich habe dann einen Betriebsrat gegründet und wurde Betriebsratsvorsitzende. Und im Sommer 1961 habe ich mit Gerd Ruge die deutsche Sektion von *Amnesty International* gegründet. Ich führte mehr und mehr auch ein Leben außerhalb des Verlages, das mir viel bedeutete. Ich kam mit Menschen zusammen, die mich sehr beeindruckten. Mit manchen bin ich bis heute befreundet.

Die Vorsitzende der Deutschen Sektion von Amnesty International, Köln 1969

Was hat Ihnen das bedeutet? Haben Sie sich dadurch verändert?

In den sechziger Jahren wollte ich, das Mädchen vom Dorf, unbedingt mit Schriftstellern bekannt werden. Es hat mir viel bedeutet, mit ihnen zu tun zu haben. Aber von den meisten dieser Begegnungen war ich ungeheuer enttäuscht. Wenn ich beispielsweise an Manès Sperber denke, ein enger Freund von Witsch, dessen Romane bei uns veröffentlicht wurden. Das war ein kleiner, selbstgefälliger, eitler Mensch, der uns ständig sein Autogramm anbot. Schriftsteller hatte ich mir ganz anders vorgestellt.

Wie denn?

Vermutlich hatte ich immer so Idealbilder im Kopf, wie Gerhart Hauptmann oder Thomas Mann oder Hermann Hesse. Wenn ich die je kennen gelernt hätte, wäre deren Lack vielleicht auch schnell ab gewesen.

Die Schriftsteller, die ich kannte, waren eitel und schwierig. Ich habe erst im Laufe der Zeit gelernt, mich darüber nicht aufzuregen, sondern mit ihnen eher therapeutisch umzugehen. Ich habe mir vor Augen gehalten, dass jeder von ihnen oft monatelang allein zu Hause am Schreibtisch hockt und sich wohlgebaute Sätze abringen muss. Und wenn der Autor in den Verlag kommt, ist er noch ganz unsicher, wie andere auf das Geschriebene reagieren werden. Und dann sagt der Lektor als Erstes: «Da müssten wir wohl nochmal über dieses misslungene dritte Kapitel reden.» Da bricht doch jeder zusammen!

Ich schwor mir, bei «meinen» Autoren sollte das anders laufen. Als Erstes, und das war sehr wirkungsvoll, sagte ich immer: «Donnerwetter, was Sie da zustande gebracht haben, ist wirklich eine beeindruckende Leistung!» Dann verklärte sich meist das Gesicht des Autors – oft hätte nicht viel gefehlt, und ihm wären Tränen der Rührung gekommen. Erst dann sprach ich davon, dass wir uns doch noch einmal gemeinsam über das dritte Kapitel beugen sollten.

Ich habe viel gelernt als Lektorin. Die typischen Fehler des Anfangs unterliefen mir bald nicht mehr – wie ich sie noch bei Fritz Sternberg, einem älteren Herrn und ausgewiesenen Autor des Verlages, machte. Ich war die verantwortliche Lektorin für sein neues Buch. Ich las es und war entsetzt. Stilistisch völlig daneben. Ich nahm mir vor, daraus ein lesbares Buch zu machen, und redigierte den Text so heftig, dass von dem ursprünglich Geschriebenen nicht mehr viel übrig blieb. Voller Stolz erzählte ich meinen Kollegen von meiner, wie ich fand, gelungenen Arbeit, bis einer mich warnte, Sternberg sei ein schwieriger und empfindlicher Autor. Ich aber war fest davon überzeugt, Sternberg würde erkennen, wie sehr meine Arbeit zur Verbesserung des Textes beigetragen hatte. Und dann kam Sternberg und machte mich nach Strich und Faden fertig. Ich lief heulend auf die Toilette. Aber dieses Erlebnis war mir eine Lehre. Ich hatte aus dem Buch von Sternberg ein Buch von Stern gemacht. Es war nicht mehr sein Buch. Alle Korrekturen wurden rückgängig gemacht. Der Text blieb so, wie Sternberg geschrieben hatte und wie seine Leser ihn kannten und schätzten.

Sie haben einmal den Namen Golo Mann erwähnt. Sind Sie ihm auch persönlich begegnet?

Während meiner Lektoratszeit erschienen zwei große Bestseller. Das eine war eine Übersetzung aus dem Amerikanischen von William Shirer «Aufstieg und Fall des Dritten Reiches». Daran hatte ich lange zu arbeiten. Es gab einige politisch-historische Einschätzungen darin, die uns doch äußerst problematisch erschienen. Erst hatten wir daran gedacht, das Problem durch starke Kürzungen zu beheben. Aber die Bedenken gegen einen so starken Eingriff in den Text überwogen. Wir baten schließlich Golo Mann um ein Vorwort, in dem einiges zurechtgerückt werden könnte. Als er mit dem Text in den Verlag kam, gingen wir mit ihm essen. Und so lernte ich Golo Mann kennen, an dem mir auffiel, dass er nie von «meinem Vater» sprach, sondern nur von «Thomas Mann». Und er legte großen Wert darauf, respektiert und besonders anerkannt zu werden. Als ich ihn darum bat, im Vorwort zu erwähnen, wann Hitler geboren sei – weil das in Shirers Buch nirgends geschrieben stand –, empfand er ein solches Ansinnen als Zumutung: Für solche Kinkerlitzchen sei er nicht zuständig. Ich fand ihn nicht sonderlich sympathisch.

Sehr zu schaffen machte mir die Eitelkeit eines anderen Mannes, der damals in den sechziger Jahren eine große Rolle spielte, der deutsche Botschafter in Moskau Hans Kroll. Er hatte seine Memoiren geschrieben, die bei Kiepenheuer & Witsch unter Vertrag waren. Ich lektorierte das Buch und stieß mich sehr an der Eitelkeit des Autors, die den Leser auf jeder Seite geradezu ansprang – zum Beispiel in einem solchen Satz: «Nikita Sergej Chruschtschow lobte meine warme Menschlichkeit und nahm mich in die Arme.» So ungefähr. Ich wusste, die Memoiren eines eitlen Mannes müssen eitle Memoiren sein, sonst sind es nicht seine Memoiren. Das ist die eine Seite. Andererseits aber ist ein Lektor verpflichtet, seinen Autor davor zu bewahren, sich lächerlich zu machen. Also beschloss ich, ihm zumindest die größten Ausrutscher auszureden. Mit dieser Absicht fuhr ich nach Bonn.

Er erwartete mich schon und empfing mich so huldvoll, dass ich das Gefühl hatte, ich käme zu Bismarck. Ich sagte natürlich mein «Donnerwetter», das er wiederum huldvoll entgegennahm. Und dann kam ich zum Punkt: «Herr Botschafter, ich würde gern mit Ihnen darüber sprechen, ob wir nicht den Satz ‹… und Chruschtschow lobte meine warme Menschlichkeit› besser streichen sollten.» – «Ja, wenn Sie die Wahrheit aus dem Manuskript streichen wollen, können Sie gleich das Ganze streichen.» Ich versicherte ihm, ich hätte nicht die geringsten Zweifel, dass der sowjetische Generalsekretär einen solchen Satz zu ihm gesagt hätte, aber: «Sie kennen doch die Menschen. Sie wissen doch, wie neidisch andere sein können. Und das wird Ihnen zu schaffen machen. Jeder würde so etwas gern hören, aber keinem außer Ihnen ist es widerfahren. Das macht neidisch. Wir werden uns darauf einstellen müssen.»

Es gelang mir, wie ich finde, mit sehr viel Schläue, einige solcher Sätze aus dem Manuskript herauszunehmen. Leider hat Kroll das Erscheinen seines Buches nicht mehr erlebt, er ist kurz vorher gestorben. Es wurde ein ungeheurer Erfolg.

Ich zog stolz mit dem Manuskript zu Henri Nannen, dem Herausgeber des «stern», um ihm Teile daraus als Vorabdruck anzubieten. Nannen empfing mich, ganz im Bewusstsein seiner Bedeutung, und sagte: «Wir machen das. Für vierzigtausend Mark. Ich hoffe, damit ist die Sache gelaufen.» – «Nein, Herr Nannen, tut mir Leid. Ich muss noch mal zum ‹Spiegel›, der hat nämlich auch angefragt.» – «Na gut, dann bringen Sie das schnell hinter sich.» Beim «Spiegel» boten sie dann fünfzig- oder sechzigtausend. «Aber bitte hören Sie nun auf, von einem zum anderen zu laufen.» Ich dachte, sechzigtausend Mark sind schließlich ein gutes Angebot, und mein Mut zu verhandeln war ohnehin erschöpft. Ich ging noch einmal zu Nannen, um ihm mitzuteilen, dass der «Spiegel» ein höheres Angebot gemacht hätte, das ich gewillt sei anzunehmen und dementsprechend auch nicht weiter verhandeln wolle. Nannen war sprachlos. Das ihm! Von diesem Mädchen!

Einige Tage später erhielt ich einen Anruf von einem

Frankfurter Buchmesse 1976 mit Tomas Kosta,
Verleger des Bundverlags, und Heinrich Böll

seiner Mitarbeiter, den ich gut kannte: «Carola, ich tu es nicht gern, aber Nannen hat mich dazu verpflichtet: Wie viel sollen wir dir auf dein Privatkonto überweisen, um den Vorabdruck doch noch zu kriegen?» – «Leo, ich will so viel haben, dass der ‹stern› das gar nicht bezahlen könnte. Richte das Herrn Nannen bitte aus. Ich bin überzeugt, er ist ein reicher Mann, aber so viel, wie er mir geben müsste, um mich bestechen zu können, hat er ganz bestimmt nicht. Und damit wollen wir das Gespräch beenden.»

Später haben Sie dann mit Heinrich Böll und Günter Grass die Zeitschrift «L '76» gegründet. Wie haben Sie denn die beiden kennen gelernt?

Heinrich Böll kannte ich schon aus dem Verlag Kiepenheuer & Witsch, er war der Starautor des Verlages. Jeder im Verlag wollte gern mit ihm zu tun haben. Ich betreute

Grass war der Vitale, mit vielen neuen Ideen,
Böll war der Zuhörer und ein Geburtshelfer der Sprache

ihn nicht. Aber dennoch erschien er eines Tages in meinem Zimmer und suchte meinen Rat. Er hatte einen Brief von einem Häftling aus Polen erhalten, der ihn um finanzielle Hilfe bat. Gegen eine bestimmte Summe könnte er aus dem Gefängnis entlassen werden und Weihnachten wieder zu Hause bei seiner Familie sein. Böll wusste nicht, was er davon halten sollte. Ich bot ihm an, Erkundigungen bei *Amnesty International* in London einzuholen oder auch bei der Deutschen Botschaft in Warschau nachzufragen. Die Ergebnisse solle er doch besser abwarten, bevor er eine Entscheidung treffe.

Aber noch bevor ich irgendetwas in Erfahrung gebracht hatte, kam Böll wieder zu mir. Er hatte sich inzwischen entschieden, das Geld zu zahlen, denn der Gedanke, dass dieser Mann Weihnachten noch im Gefängnis sitzen könnte, bloß weil er, Böll, das Geld zurückhalte, dieser Gedanke sei ihm unerträglich. Das war meine erste und zudem sehr typische Begegnung mit Böll.

Als ich beim WDR war, wollte er einmal wissen, was man für verhaftete Schriftsteller tun könne – er war internationaler PEN-Präsident. Mir war aufgefallen, dass auf seinen Listen über verhaftete Schriftsteller in aller Welt keine aus der UdSSR dabei waren. Als ich ihn darauf aufmerksam machte, meinte er, ihm sei immer wieder geraten worden, sich für diese nicht öffentlich, sondern eher durch inoffizielle Verbindungen einzusetzen. Ich zweifelte, ob das der erfolgsträchtigste Weg wäre, wir hatten in diesem Punkt eine leichte Meinungsverschiedenheit. Dabei muss man allerdings wissen, dass Böll in der Sowjetunion ungeheuer verehrt wurde und sicherlich auch großen Einfluss hatte. Aber eines Tages kam er wieder. Er wolle – als Ausdruck der Solidarität mit verfolgten Schriftstellern in Osteuropa – mit Günter Grass eine Zeitschrift gründen, «L '76», die im Untertitel *Demokratie und Sozialismus* heißen solle. Sie sei als Forum für die Texte solcher osteuropäischer Schriftsteller gedacht, die ihre Texte im eigenen Land nicht veröffentlichen könnten.

Ursprünglich hatten sie Siegfried Lenz als dritten Herausgeber gewinnen wollen, aber der hatte abgelehnt. Und da seien sie auf mich gekommen, auch wegen meiner Arbeit für *Amnesty International.* Und außerdem sei es auch ganz schön, eine Frau mit dabeizuhaben. Und so trafen wir uns eines Tages in einem Kölner Hotel.

Zu dritt? Also, Sie und Grass und Böll?

Tomas Kosta war noch mit dabei, der 1968 aus Prag geflüchtet und inzwischen Verleger der Europäischen Verlagsanstalt war, bei der die Zeitschrift, mit finanzieller Unterstützung des DGB, erscheinen sollte. Als Chefredakteur wurde Heinrich Vormweg dazu gebeten, ein bekannter Literaturkritiker aus Köln.

Auf unserer ersten Sitzung sollte ein Gründungsaufruf geschrieben werden. Grass hatte schon einen Entwurf mitgebracht. «Also, Carola, setz dich mal an die Maschine. Ich diktiere.» Und ich dachte noch, na, das kann ja heiter werden, setzte mich aber brav an die Schreibmaschine. Ich hatte den beiden Schriftstellern gegenüber Komplexe und fürchtete, nicht als gleichwertig anerkannt zu werden. Aber kaum hatte ich die ersten Zeilen getippt, stand ich wieder auf und sagte: «Kannste selber machen.» Warum wir uns gleich geduzt haben, ist mir eigentlich unerklärlich, aber ich kannte Grass schon von einer früheren Begegnung in Berlin. Mein Misstrauen ihm gegenüber ist dann schnell verflogen, und ich war sehr beeindruckt von beiden Männern. Grass war der Vitale, der ständig neue Ideen und neue Namen in die Debatte warf und mit ganzem Herzen und Verstand an diesem Projekt hing. Böll war der Verschlossenere, oft lange Zeit schweigend unseren Diskussionen folgend, leicht vorgebeugt und aufmerksam zuhörend. Er wirkte wie ein Anteil nehmender Geburtshelfer der Sprache und verstand es, durch seine Einfachheit, Freundlichkeit und Bescheidenheit einem jede Befangenheit zu nehmen.

Nur sein rheinischer Anarchismus hat mich zuweilen tief verstört. Als wir einst eine große Tagung in Recklinghausen veranstalteten, mit dem Thema «Was ist heute links?», zu der bekannte internationale Diskussionspartner eingeladen waren, unter anderem Rudi Dutschke und Eduard Goldstücker, ein tschechischer Schriftsteller und Reformer aus dem Prager Frühling, der nun in der englischen Emigration lebte, da erschien auf der Abschlussveranstaltung am Sonntagvormittag plötzlich ein Mann mit Hut, stellte sich vors Publikum und hielt eine wirre Rede. Es war Joseph Beuys. Normalerweise wäre ich aufgestanden und hätte gesagt: «Hören Sie mal, Herr Beuys, wer hat Sie denn eingeladen? Und wie kommen Sie dazu, sich einfach das Wort zu nehmen? Wenn Sie zuhören wollen, setzen Sie sich bitte still hier hin.» Aber mir war sofort klar, dass Böll ihn gebeten hatte, zu dieser Veranstaltung zu kommen. Und ich wusste, wenn ich Beuys zurechtwiese, dann würde Böll wochenlang kein Wort mehr mit mir wechseln. So habe ich Beuys' Rede stillschweigend über mich ergehen lassen.

Als Böll die Carl-von-Ossietzky-Medaille der Liga für Menschenrechte verliehen bekam, fuhr ich mit ihm nach Berlin. Schon auf dem Flugplatz unterhielten wir uns über die diffamierenden Angriffe der Springerpresse auf Böll, der als Sympathisant der RAF dargestellt wurde. Böll hatte einen Artikel im «Spiegel» veröffentlicht, «Freies Geleit für Ulrike Meinhof». Später habe ich einem Kassiber, den Ulrike Meinhof aus dem Gefängnis geschmuggelt hatte, entnehmen können, dass Böll für die RAF zu jenen gehörte, die sie als Sympathisanten gewinnen und für ihre Ziele missbrauchen wollten. Böll hat mir dann auch erzählt, dass er von RAF-Leuten gebeten worden war, einen Koffer mitzunehmen, in dem sich alles Mögliche, vielleicht sogar Waffen befanden. Damals aber war er hellauf empört über die Springerkampagne, und ich wusste nicht so recht, wie ich auf diesen außer Rand und Band geratenen Heinrich reagieren sollte. In meiner Hilflosigkeit sagte ich schließlich, in Anspielung auf den Titel eines Buches von ihm: «Das ist die Ehre des Heinrich Böll.» Da schrie er mich an und fauchte und sprach danach kein Wort mehr mit mir. Es war schrecklich.

Eine ähnliche Szene hat sich dann in Berlin wiederholt, als der Regierende Bürgermeister in seiner Begrüßungsansprache ein kritisches Wort über Heinrich Böll und sein Verhältnis zur RAF fallen ließ. Da empörte sich Böll in seiner Erwiderung dermaßen, dass man Angst um ihn haben musste.

Mein Mann hat Heinrich Böll verehrt wie einen Heiligen. Böll war in seiner Fürsorge für Menschen, die Hilfe brauchten, unermüdlich. Wer bei ihm anklopfte, wurde eingelassen. Alexander Solschenizyn zum Beispiel, als der aus der Sowjetunion ausgewiesen wurde, oder Lew Kopelew mit seiner Frau, denen Gleiches widerfuhr. Auch Rudolf Bahro kam nach seiner Entlassung aus dem Zuchthaus in der DDR zunächst bei Böll unter. Diese immer währende Hilfsbereitschaft war überaus beeindruckend.

Übel genommen hat er mir allerdings, dass ich einmal mit meiner Freundin Jutta Bohnke angerückt kam und hinterher, zusammen mit Jutta Bohnke, einen sehr schönen Geburtstagsartikel für ihn über diesen Besuch veröffentlichte. Er hat nie ein Wort darüber verloren, aber er hat es mir übel genommen.

Als ich ihn zum letzten Mal sah, lag er schon im Krankenhaus, ein Teil seines Fußes war amputiert. Aber Heinrich rauchte immer noch. «Heinrich, schmeiß doch endlich mal die Zigarette weg!» Da sagte er: «Das kann ich nicht! Das kann ich nicht!» Vernünftig wollte er nicht sein. Und von ihm habe ich gelernt, dass hinter der Aufforderung «Nun sei doch mal vernünftig!» oft nichts anderes steckt als die Aufforderung, doch bitte schön zurückzustecken, sich zufrieden zu geben, statt weiter zu protestieren.

Die Hutnärrin

Die Alte

Wenn Sie die Möglichkeit dazu hätten –
was aus Ihrem Leben würden Sie gern
noch einmal tun?

Ich möchte noch einmal ein Kind sein, das auf dem Ahlbecker Konzertplatz vor den Badegästen tanzt.

Ich möchte noch einmal mit Johannes Rau nach Moskau, mit den Jusos nach Afrika und mit Hans Magnus Enzensberger durch China reisen.

Ich möchte noch einmal meinem Mann Fontanes «Stechlin» vorlesen.

Und ich möchte noch einmal diese unglaubliche Energie und Lebenskraft der achtzehnjährigen Erika Assmus spüren.

Den 9. November 1989 haben Sie, glaube ich, am Fernseher erlebt, oder wie war das?

Ich war zu Hause, in Köln. Mein Mann ging immer schon um zehn Uhr ins Bett. Um halb elf habe ich die «Tagesthemen» angeschaut und die sensationelle Nachricht gehört, dass die Mauer geöffnet wurde. Ich bin in Zögers Schlafzimmer gestürzt: «Heinz, Heinz! Die Mauer ist auf! Die Mauer ist auf!»

Mein Mann konnte es gar nicht fassen. An diesem Tag glaubten wir noch nicht, dass die DDR zusammenbrechen und ein ganz neuer Zeitabschnitt beginnen würde. Wir waren eher neugierig und voller Erwartung auf das Kommende. Aber dass es ein historischer Augenblick ist, das Gefühl hatte ich schon.

Anfang 1990 waren Sie das erste Mal nach der Maueröffnung in Berlin. Können Sie sich noch erinnern, wie dieser Tag verlief? Wie sind Sie denn überhaupt hingekommen? Mit dem Zug, mit dem Flugzeug? Mit einem Auto?

Nie und nimmer wäre ich mit dem Auto oder dem Zug durch die DDR gefahren. Ich hatte immer noch Angst, verhaftet zu werden.

Auch zu dieser Zeit noch?

Ja, auch da noch. Ich flog nach Berlin, bin zu meiner alten Freundin, Erika von Hornstein, gegangen, und zusammen sind wir mit ihrem Auto zum Brandenburger Tor gefahren. Da standen wir nun, und da standen auch die Volkspolizisten, die ich so fürchtete. Meine Freundin sagte: «Carola, und jetzt gehen wir rüber!» Also, mir war immer noch mulmig zumute, ich hatte doch immer noch Angst. «Hör mal», sagte Erika von Hornstein, «es kann dir wirklich nichts mehr passieren!» Ich habe mit zitternden Händen meinen Ausweis aus der Tasche gekramt, ihn dem Volkspolizisten gereicht und immer nur gedacht, hoffentlich geht der nicht damit in ein Häuschen und überprüft ihn. Aber er sagte nur: «Danke sehr.» Und dann durften wir passieren.

Schon als wir die Straße Unter den Linden hinunterspazierten, spürte ich, das hier ist doch deine Heimat. Nicht Köln, nicht Westberlin, sondern hier, die Straße Unter den Linden, der Gendarmenmarkt, die Nikolaikirche. Und schon wenige Tage später hatte ich Mut gefasst und quartierte mich in ein Ostberliner Hotel ein.

Warum ist Ihr Mann nicht mitgekommen?

Es ging ihm schlecht, er war krank. Er hätte gar nicht mitkommen können.

Ihr erster Spaziergang durch Mitte: Wie haben Sie Berlin erlebt?

Ich war sehr entsetzt über die verfallenen Häuser in der Schönhauser Allee und über den Gestank nach Braunkohle in den Straßen. Darauf war ich nicht vorbereitet. Selbst in Potsdam wirkte alles, als könnte es im nächsten Moment zusammenbrechen. Das hatte ich vorher nicht gewusst.

Haben Sie mit Menschen gesprochen?
Über Politik diskutiert?

Nein, ich habe Bekannte besucht. Politische Diskussionen führte man in dieser ersten Freude über das Wiedersehen nicht, sondern man hat sich gegenseitig aus seinem Leben erzählt. Ich weiß nur, dass ich von Anfang an – sehr im Unterschied zu einigen meiner Kollegen im westdeutschen PEN – sehr auf Versöhnung mit allen in der anderen Hälfte Deutschlands aus war und keineswegs zu denen gehörte, die nun den Gedanken hatten, es müsse abgerechnet werden. Das war mir ganz fremd.

Später sind Sie mit Ihrem Mann nach Berlin gefahren.
War dieser Besuch anders?

Ich war so gerührt über meinen Mann. Kaum hatten wir unsere Koffer im Hotel abgesetzt, da ließ er schon ein Telefonbuch für Ostberlin herbeischaffen und suchte nach den Namen seiner alten Genossen. Einige hat er über das Telefonbuch ausfindig gemacht, von denen er dann weitere Adressen erhielt. Er hat alle gefunden, die er finden wollte, und sich mit ihnen getroffen. Ich durfte nicht mit, mich wollte er nicht dabeihaben.

Bei einem dieser Treffen in einem Ostberliner Hotel, so erzählte mir Zöger später, hätte ein ehemaliger Genosse zu ihm gesagt: «Heinz, ich bin jetzt über achtzig. Ich kann mich nicht mehr ändern. Ich bleibe ein Kommunist, wie ich immer einer gewesen bin.» – «Ja», sagte mein Mann, «bleib es. Ich verstehe das.» Um sie herum hätten bei diesem Treffen lauter finstere Gestalten gesessen, die Zöger für Stasileute hielt. Mein Mann war immer sehr misstrauisch. Aber gleichzeitig war er so glücklich, in seine alte Welt zu den alten Freunden zurückkehren zu können, dass er bereit war, alles zu verstehen und zu verzeihen, was immer sie auch getan hatten.

Ein früherer Botschafter der DDR, den Heinz Zöger schon aus seinen Jugendjahren in Leipzig kannte und mit dem er beim Rundfunk zusammengearbeitet hatte, sagte: «Heinz, ich muss dir gestehen, wir wussten schon seit zehn Jahren, dass wir am Ende sind.» Dieses Eingeständnis hat Zöger sehr beeindruckt.

Mein Mann lebte in diesen Tagen in dem glücklichen Gefühl, endlich wieder unter alten Freunden zu sein. Alle hat er zu uns nach Köln eingeladen, niemand ist gekommen. Niemand hat ihn je angerufen. Niemand hat ihm je auch nur eine Karte zu Weihnachten oder zum neuen Jahr geschickt. Keiner hat ihn jemals wieder eingeladen. Kein Einziger. Bis zu seinem Tod. Zöger hat nie ein Wort darüber verloren. Aber ich muss immer noch weinen, wie gedankenlos sie ihn allein gelassen haben.

Ich stelle mir das aber auch für Sie schwierig vor, mit einem Menschen zusammenzuleben, der einen Teil seines Lebens selbst vor Ihnen verschlossen hat.

Ach nein, das habe ich anders erlebt. Ich finde, dass es uns auf vorbildliche Weise gelungen ist, Nähe und Distanz in dieser Partnerschaft auszubalancieren. Ich bin der Meinung, dass eine Ehe auf Dauer nur dann gut gehen kann, wenn jeder auch sein eigenes Leben führt, das nur ihn ausmacht und mit dem der andere nichts zu tun hat. Das muss so sein. Bei aller Gemeinsamkeit, die man erlernen muss, ist es doch auch wichtig, sich seine Freiheit zu bewahren und zu respektieren, dass der andere seine individuellen Lebensgewohnheiten hat. Das können manchmal ganz banale Eigenheiten sein.

Er hat sein Leben geführt, das ich respektiert habe, und er hat respektiert, dass ich mein eigenes Leben hatte. Ich war nicht immer glücklich dabei. Aber neugierig, wie es in ihm «wirklich» aussieht, war ich eigentlich nie. Ich hegte ihm gegenüber eher Gefühle, wie vielleicht Geschwister sie haben: Ich bin für dich da, wenn du mich brauchst, aber ich lasse dir auch dein eigenes Leben. Schließlich wusste ich, dass wir sehr verschieden waren. Er war viel verschlossener und hatte sich seine ganz eigene Welt aufgebaut, die mit der meinen nicht viel zu tun hatte.

Und eines Tages sind Sie wieder nach Usedom gefahren?

Ich hatte nie damit gerechnet, jemals meine Heimatinsel wiederzusehen. Nachdem die Mauer auf war, wollte ich so schnell wie möglich auf die Insel. Mein Vetter hat mich mit dem Auto in Berlin vom Flugplatz abgeholt. Und dann sind wir erst mal einkaufen gegangen, haben Wurst und Käse in Westläden gekauft und sind über die Dörfer nach Anklam gefahren. Es war die schönste Fahrt meines Lebens.

Und dann kamen wir auf die Insel. Auf den Wiesen am Wolgastsee standen Reiher, und bald sah ich unser Haus, das ehemalige Fremdenheim meiner Mutter. Der Putz war von den Mauern abgefallen, er war nicht mehr weiß, sondern grau geworden. Aber in den Zimmern standen noch unsere alten Möbel. Jetzt ist alles modernisiert und restauriert.

Wir gingen am Strand spazieren, ein breiter Streifen mit Enten, Möwen, Schwänen und Reihern säumte das strahlend blaue Meer. Noch nie war mir die Ostsee so schön erschienen wie in diesen Tagen.

Auf der Veranda meines Geburtshauses tranken wir Kaffee, ich konnte dabei aufs Meer schauen und mich an den Horizont verlieren, der immer noch die alte Abenteuerlust, die alte Sehnsucht in mir wachruft, zu erkunden, was sich dahinter verbirgt. Und dann zieht es mich wieder hinaus. Noch heute gehört es für mich zu den schönsten Augenblicken, wenn ich auf der Veranda sitzen und aufs Meer gucken kann.

Aber alles hatte sich verändert, oder?
Nein, eigentlich hatte sich gar nicht so viel verändert. Der Ort war fast noch so wie früher, so wie der, den ich vor fast fünfzig Jahren verlassen hatte. Die Ahlbecker waren in einer unglaublichen Aufbruchstimmung. Sie hofften, sich endlich von den «doofen» Mecklenburgern lossagen zu können. Der ganze Ort war mit Pommernfahnen geschmückt. Pommern müsste endlich wieder ein eigenes Land werden. «Mensch», sagte ich, «macht euch bloß keine Hoffnungen. Vorpommern ist doch viel zu klein.» – «Was?», erwiderten darauf die Ahlbecker. «Vorpommern zu klein? Guck dir doch mal das Saarland an. Ist das vielleicht größer? Wir wollen endlich wieder selbständig sein.» Und dann zählten sie auf, was sie von den Mecklenburgern unterschied. Das beschäftigte sie außerordentlich. In Ahlbeck lebten auch viele Flüchtlinge aus Swinemünde, die wollten auch noch, dass das inzwischen zu Polen gehörende Swinemünde wieder deutsch wird, das läge ja schließlich westlich der Oder. «Wir haben schon eine Abordnung nach Berlin geschickt.» Das war mir doch alles ein bisschen fremd.

Andere rechneten sich aus, wieder ihre Fremdenpensionen eröffnen zu können und Hotels anstelle der FDGB-Ferienheime aufzumachen. Da kamen schon die ersten Westdeutschen und kauften ihnen die Häuser ab. Vier Wochen später kam jemand anders, um seine ehemaligen Eigentümerrechte anzumelden: «Ich bin jetzt der Besitzer Ihres Hauses.» – «Nee», sagten die. «Ich habe es schon verkauft.» Aber inzwischen war das Haus längst für das Doppelte weiterverkauft worden. Es ging sehr turbulent zu in dieser Zeit.

Ich hatte das Gefühl, in meine Heimat zurückzukehren, aber auf Besuch. Der Gedanke, hier leben zu wollen, kam mir da noch nicht.

Sie haben gesagt, am Anfang hatten Sie das Gefühl, die Menschen hätten sich nicht verändert. Hat sich Ihr Blick auf die ehemalige Heimat später verändert?

Im Lauf der Jahre habe ich doch gemerkt, dass es ein Unterschied ist, ob man die vergangenen Jahrzehnte in der DDR oder in Westdeutschland gelebt hatte. Die Menschen dort hatten zunehmend Schwierigkeiten, sich in einer Welt zurechtzufinden, die ihnen sehr fremd war. Geld hatte früher überhaupt keine Rolle gespielt – plötzlich war Geld alles. Daran waren sie nicht gewöhnt.

Günter Gaus hat für die DDR einmal den Ausdruck «Nischengesellschaft» geprägt. Und das traf zu: Viele von ihnen hatten in Nischen gelebt. Unter Freunden und Verwandten. Zu denen hatte man Vertrauen. Die schufen Geborgenheit. Man konnte jederzeit zu ihnen kommen, sich in die Küche setzen und miteinander plaudern. Und diese Geborgenheit löste sich jetzt unwiederbringlich auf. Heute ist jeder viel mehr auf sich gestellt, auch egoistischer geworden. Das wird allerorten bedauert, aber das Alte lässt sich nicht wieder zurückholen.

Und dann das Obrigkeitsdenken! Was man vom Staat alles erwartete! Der Staat ist für alles verantwortlich. Die Regierung hat für alles zu sorgen! Wenn ich manchmal einwarf: «Könnt ihr das nicht selbst machen, könnt ihr nicht eine Bürgerinitiative gründen?», dann merkte ich, wie fremd ein solcher Gedanke dort war.

Haben Sie sich dann nicht auch fremd gefühlt in der Heimat?

Vor allem haben mich die anderen als Fremde empfunden. Aus allem, was sie prägte, war ich inzwischen herausgewachsen. Ich habe nur wenige neue Freunde gefunden, und niemand hat meine Freundschaft gesucht. Ich bin, wie man auf der Insel sagt, doch eine «Ringeschniete» – eine Reingeschneite, eine Zugezogene – geworden.

Schmerzt Sie das?

Nein. Ich empfinde es als natürlich. Es ist so. Die Menschen haben sich von mir entfernt und ich mich von ihnen.

Mit zweiundsiebzig Jahren haben Sie sich entschieden, wieder nach Berlin zu ziehen. War es Ihre Entscheidung oder die Ihres Mannes?

Die Entscheidung hat mein Mann getroffen. In Köln lebten wir in einem schönen Häuschen zur Miete, bis der Hausbesitzer uns kündigte, weil er künftig selbst dort wohnen wollte. Angeblich jedenfalls. Meinen Mann zog es zurück nach Berlin, und ich hatte nichts dagegen. Ich finde es immer noch erstaunlich, dass man sich mit achtzig noch entschließen kann, seine Zelte in einer ganz anderen Stadt wieder aufzubauen. Da wir gleichzeitig beschlossen, ein Häuschen auf Usedom zu bauen, fand ich die Nähe Berlins zur Insel auch vorteilhaft. Und außerdem kannten wir in Berlin noch viele alte Kollegen und Freunde und haben es nie bereut, dorthin zurückgekehrt zu sein.

Die letzten drei Jahre mit Ihrem Mann haben Sie sehr genossen.

Ich muss sagen, je älter wir wurden, desto glücklicher waren wir miteinander. Wir haben nie mehr ein böses Wort miteinander gewechselt. Wir hatten das Gefühl – besonders mein Mann hatte es –, uns bliebe nicht mehr viel Zeit miteinander, und wir wollten jeden Tag genießen, den wir zusammen sein konnten.

Wir hatten eine wunderbare Arbeitsteilung, was den Alltag betraf. Er hat mich sehr verwöhnt, bis zu seinem Tod. Er kaufte ein, hat viel über seine Hethiter gelesen, und ich habe meine Bücher geschrieben. Zusammen sind wir spazieren gegangen und Rad gefahren: Und jeder Tag war schön. Ich habe die Erfahrung gemacht, dass Liebe und Leidenschaft selten für ein ganzes Leben reichen. Freundschaft und Zuneigung erweisen sich als sehr viel haltbarer für eine Ehe. In unserem Verhältnis überwog im Laufe der Zeit eine geschwisterliche Freundschaft und Herzlichkeit, und das machte eigentlich die Liebe aus. Bertolt Brecht hat einmal geschrieben, eine Liebe sei umso beständiger und tiefer, je mehr Elemente der Freundschaft sie enthielte. Das traf auf uns zu.

Sie hatten dann noch zwei Jahre zusammen, bevor bei Ihrem Mann Leukämie diagnostiziert wurde. Gab es vorher keine Anzeichen der Krankheit?

Überhaupt keine. Natürlich war er schwächer geworden. Er war vierundachtzig und legte sich nachmittags um vier immer ins Bett, blieb bis acht Uhr abends liegen, um sich auszuruhen, und ging um zehn Uhr dann wieder ins Bett. Aber Schmerzen hatte er keine.

Am ersten März machten wir einen Spaziergang durch den Botanischen Garten, und die ersten Frühlingsblumen zeigten sich schon. Am zweiten März gingen wir ins Theater und genossen eine Aufführung von Heinrich von Kleists «Der zerbrochene Krug», und am dritten März sagte Zöger plötzlich, er habe Schmerzen, er müsse ins Krankenhaus, um sich röntgen zu lassen. Der Arzt machte zunächst eine Virusgrippe für die Verschlechterung seines Zustandes verantwortlich, bis die Blutuntersuchungen ergaben, dass es Leukämie war. Ich habe daraufhin mit einem befreundeten Arzt telefoniert, der mich beruhigte und meinte: «Ach, wissen Sie, in dem Alter ist das nicht so schlimm.» Ich war glücklich und habe es gleich meinem Mann erzählt. Eine halbe Stunde später rief der Arzt wieder an, er hätte mit der behandelnden Ärztin gesprochen, Zöger hätte höchstens noch sechs Monate zu leben. Das habe ich meinem Mann dann nicht mehr gesagt. Er selbst hat nie über den Tod gesprochen, bis zum letzten Augenblick nicht. Aber irgendwann konnte ich mich dann doch nicht mehr beherrschen und bin in Tränen ausgebrochen. Er hat mich schweigend in den Arm genommen.

Sie haben es ihm nie gesagt?
Nein.

Also wusste er gar nichts von seiner Krankheit?
Doch, er wusste Bescheid. Aber wir haben nicht darüber gesprochen, dass er sterben würde, kein Wort. Ich hatte den Eindruck, er wollte nicht über den Tod reden.

Er wollte auch nicht ins Krankenhaus?

Auf keinen Fall. Und zum Glück habe ich ihm das ersparen können. Aber ich musste während seiner Krankheit einkaufen gehen, Besorgungen machen und hatte Angst, ihm könnte, während ich weg bin, etwas passieren. «Weißt du, ich glaube nicht, dass wir beide das allein schaffen», sagte ich zu ihm. «Wir müssen jemand holen, der uns hilft, diese Krankheitszeit zu überstehen.» Und dann ist Frau Milona gekommen, eine Griechin, die vor vielen Jahren bei uns Hausgehilfin gewesen war.

Ich rief sie an: «Frau Milona, meinem Mann geht es so schlecht. Könnten Sie wohl Ihre Kosmetikpraxis für einige Zeit schließen und kommen, um uns zu helfen?» Frau Milona war sofort bereit dazu. Und für Heinz Zöger und mich war das ein großes Glück. Denn Frau Milona kommt aus einem griechischen Dorf, und da lernt man, mit Sterbenden umzugehen.

Ich konnte das nicht. Sie wechselte ihm jede halbe Stunde das Hemd, benetzte vorsichtig seine Lippen mit Flüssigem und tupfte ihm behutsam den Schweiß von der Stirn. Als sie sein Zimmer betrat, sagte mein Mann: «Das Paradies tut sich auf, Frau Milona kommt. Jetzt sind wir behütet.» Und so war es.

Als Ihr Mann bewusstlos wurde, hat sie ihm die Hand gehalten. Wo waren Sie?

Frau Milona und ich haben uns an seinem Bett abgewechselt. Ich bin drei Stunden bei ihm geblieben, und Frau Milona hat sich währenddessen ein bisschen hingelegt. Und dann haben wir getauscht. Aber sie war die bessere Krankenpflegerin.

Wie lange konnten Sie denn noch mit ihm sprechen?

Bis zwei Tage vor seinem Tod. Peter Bender, ein früherer Kollege vom WDR, mit dem wir sehr befreundet waren, hat ihn noch besucht und Bruder Martin von der Insel Usedom. Bruder Martin kam dann zu mir und sagte: «Carola, könntest du mir wohl einen Schluck Wein geben? Ich möchte gerne ein Glas Wein trinken.» In Wahrheit wollte mein Mann den Wein trinken, auch wenn er das eigentlich nicht mehr durfte. Er hat in den Tagen beiden Männern noch viel erzählt von der Welt seiner alten Genossen, von seiner Zeit im Zuchthaus, von einem Tschechen, der von den Nazis hingerichtet wurde und Zöger vorher noch Brot schenkte. Und von einer jungen Pianistin, die im Zuchthaus starb.

In seinem Zimmer hing ein Bild von der Kirche des Dorfes, aus dem sie stammte. Das ist wohl so bei Sterbenden, dass die ganze Vergangenheit noch einmal auflebt.

Können Sie sich denn an Ihr letztes Gespräch mit ihm erinnern?

Ich habe ihm Theodor Fontanes «Wanderungen durch die Mark Brandenburg» vorgelesen. Die letzten beiden Tage ist er kaum noch aufgewacht.

Und waren Sie bei ihm, als er gestorben ist?

Nein. Zehn Minuten vor seinem Tod hatte ich gerade das Zimmer verlassen, um Besorgungen zu erledigen.

Sie haben geschrieben, Heinz Zöger sei zur rechten Stunde gestorben, sein Leben hatte sich erfüllt. Was hat Sie da so sicher gemacht?

Lesung in der Dorfkirche Benz auf der geliebten Insel Usedom

Zöger war ein weiser alter Mann geworden. Sein früherer Dogmatismus, alle Militanz, alle Enttäuschung über die Menschen – all das war von ihm abgefallen, er war mit sich und der Welt im Reinen. Er war vierundachtzig Jahre alt, er konnte fast bis zum Ende seines Lebens aufrecht gehen und auf der Bank am Schlachtensee sitzen und im Herbst Ahornblätter sammeln, die von den Bäumen fielen. Er konnte lesen und Musik hören. Nichts wäre für ihn schlimmer gewesen als ein hinfälliges Greisendasein.

Sprechen Sie von sich als «Witwe»?

Ja.

Ist das Ihre letzte Rolle?

Nein, das ist keine Rolle. Ich mag nicht Witwe sein. Es ist mir schrecklich, in irgendwelche Papiere «verwitwet» einzutragen. Ich mag keine Witwe sein. Wenn ich alte Ehepaare sehe, werde ich neidisch: Die haben Glück, die sind noch zusammen.

Was ist die größte Veränderung in Ihrem Leben, seit Sie ohne Heinz Zöger sind?

Allein zu sein. Der Gefahr der Einsamkeit ausgesetzt zu sein. Die Freunde entfernen sich, haben ihre eigenen Probleme, und immer mehr von ihnen sterben. Der Kreis, den man hat, wird ständig kleiner. Und so muss man lernen, mit sich selbst etwas anfangen zu können, was mir auch ganz gut gelungen ist. Oft denke ich an meinen Mann, an die schönen Jahre, die wir zusammen hatten. Und dann erinnere ich mich, ja, hier sind wir immer zusammen spazieren gegangen, oder wenn er dieses Buch jetzt lesen könnte, das wäre etwas für ihn. Oder ich würde ihm jetzt gern diese Stelle aus den «Buddenbrooks» vorlesen, die würde ihm gefallen. So lebe ich weiter mit ihm zusammen. Aber ich bin auch sehr darauf erpicht, immer wieder unter Menschen zu kommen. Sonst stirbt man.

Thomas Schadt

Vom seltenen Glück der Freundschaft

Im Juni 2001 erzählte mir mein Freund und Produzent Nico Hofmann, er habe die Verfilmungsrechte an Carola Sterns erfolgreicher Autobiographie «Doppelleben» erworben. Er gab mir das Buch zum Lesen und bot mir an, über die mögliche Regie an diesem Filmprojekt nachzudenken.

Das Coverfoto des Buches von Carola Stern zeigte eine selbstbewusste Frau, die nicht nur ein bewegtes Leben hinter sich zu haben schien – was sich beim Lesen bald bestätigen sollte –, sondern ihr verschmitztes Blitzen in den Augen verriet mir auch, dass ihr eine von Lebenserfahrung geprägte, feine Art von Selbstironie zu eigen sein musste. Beides sprach mich sehr an, und so hatte ich schnell den Impuls: Diese Frau will ich kennen lernen!

Im September 2001 habe ich Carola Stern zum ersten Mal getroffen. Ich versuche, bei Vorgesprächen so offen und unbefangen wie möglich zu sein, um möglichst frei im Kopf und mit allen Sinnen die erste Begegnung erleben zu können. Carola Sterns klarer Verstand, ihre Scharfsinnigkeit und Schlagfertigkeit, die bei unserem Kaffeekränzchen aufblitzten, zogen mich auf der Stelle in ihren Bann. Ich mochte diese Frau, sie interessierte mich, ohne dass ich dieses Gefühl zu Beginn unserer fast dreijährigen Zusammenarbeit rational hätte begründen können. Schon in diesem ersten Gespräch fiel mir die Mischung aus Angst und Neugierde auf, die sie ihr ganzes Leben lang angetrieben hat. Aber ich spürte in ihren Erzählungen auch ein starkes Ringen um Erinnerung, eine zuweilen fast selbstverliebte

Mischung von Geschichte und Geschichten und zugleich eine wenngleich skeptische und ängstliche Bereitschaft, sich für dieses Filmprojekt nochmals neuen Fragen zu öffnen. Und so willigte sie ein, sich mit mir auf dieses Abenteuer einzulassen, voller ängstlicher Erwartungen, welches Bild der Film von ihr wohl zeichnen würde.

Im Dezember 2001 und im Januar 2002 trafen wir uns in ihrem Haus auf der Insel Usedom zu Rechercheinterviews, die wir mit Kamera und Ton dokumentierten, um sie später im Film verwenden zu können. Vierzehn Stunden aufgezeichnete Gespräche waren das Ergebnis dieser Arbeit, Materialgrundlage auch für dieses Buch.

Carola Stern saß mir in ihrem Lieblingssessel gegenüber und gestattete mir mit großer Offenheit jede nur erdenkliche Frage. Natürlich hatte ich mich gewissenhaft vorbereitet, kannte ihre beiden Autobiographien nahezu auswendig und war geradezu erpicht darauf, mit ihr vor allem über die Aspekte ihres von abenteuerlichen Brüchen gezeichneten Lebens zu reden, die für mich noch Fragen offen gelassen hatten.

Ich war sehr gespannt, mit welcher Erwartungshaltung sie in unsere Unterhaltung gehen würde, und fragte als Erstes, was sie sich denn von unserer Zusammenarbeit erhoffte. Von mir mit Fragen überrascht zu werden, die sie sich noch nicht gestellt hatte, antwortete sie. Diese Haltung gefiel mir, und wir verabredeten für die folgenden Gespräche nur eine einzige Spielregel: Thomas Schadt darf alles fragen, aber Carola Stern muss nicht auf alles antworten.

Es waren wunderbare, aufschlussreiche Interviews, in denen ich eine Frau kennen lernte, in der bei aller Professionalität zu antworten eine tiefe Verletzlichkeit zu Hause war. Ihre Stimme wechselte von großer Kraft und ausdauernder Formulierungshingabe bis hin zu leiser, ja stummer Unsicherheit. Ich bewunderte ihren Mut, bis an die Grenzen des Erträglichen keiner Frage ausweichen zu wollen, im Gegenteil: Sie wusste mein Bohren als Chance zu nutzen, noch einmal Neues über sich selbst zu erfahren. In ihren Antworten lagen Lachen und Weinen oft dicht beieinander, und es wurde nur zu deutlich, dass ihr Leben, weit entfernt von jenem koketten Opportunismus, der ihr zuweilen vorgehalten wird, eine wahrhaftige, von den Brüchen des 20. Jahrhunderts geprägte Biographie ist.

Gerade in der unausweichlichen Verstrickung von Privatem und Beruflichem, von Persönlichem und Politischem, sowohl in dem selbstverschuldeten wie auch in dem unverschuldeten Zickzackkurs ihres mehrfachen Doppellebens spiegelt sich jüngere deutsche Geschichte. Später hat sie einmal zu mir gesagt, ihr ganzes Leben lang habe sie wohl deshalb polarisierend auf andere gewirkt: Die einen hätten ihr wiederholt vorgeworfen, ihre politischen Seitenwechsel seien nichts als Opportunismus im Dienste der Karriere gewesen, die anderen erkannten gerade darin ihren Überlebenswillen und bewunderten ihre Bereitschaft, immer wieder Neuanfänge zu wagen.

In ihrem Mut, sich auch in ihren Widersprüchlichkeiten und Unzulänglichkeiten öffentlich zu machen, zeigt sich für mich die eigentliche Größe der Carola Stern. Hier habe ich von ihr mehr gelernt als in meinem ganzen schulischen Geschichtsunterricht. In den politischen Schockwellen, die die Deutschen erlebt haben, konnte es für die meisten ihrer Generation keinen glatten und geraden Weg geben. Für mich sind ihre Erinnerungen ein Geschenk, auch an die Nachgeborenen, weil sie nicht schönen und glätten, sondern konkret sind – in den bis heute zum Teil unversöhnten Gegensätzen und einer emotional noch immer nicht aufgearbeiteten Schuld, die dieses Land in die Seelen seiner Menschen eingeschrieben hat. Auch in meine, und so wird Carola Sterns Suche nach einer eigenen Identität auch für mich zu einem Spiegel tief verwurzelter Unsicherheit, sich nicht unbeschwerten Herzens mit diesem Land identifizieren zu können.

Dass sie aus allen Irrungen und Wirrungen ihres Lebens zu lernen verstand und ihre öffentliche Reputation bis heute für die Rechte anderer einzusetzen bereit ist, kann jedem Mut machen, Lebensbrüche nicht als Rückschläge, sondern als Chancen für Neuanfänge zu begreifen.

Im Sommer 2003 gingen wir mit Carola Stern auf eine Drehreise zu den verschiedenen Orten ihres Lebens: Usedom, Wismar, Bleicherode, Berlin, Köln, Zavelstein. Es entstand der Dokumentarteil zu «Doppelleben».

Es waren unbeschwerte Tage, die wir miteinander verbrachten, und alle im Team genossen Carola Stern als aufgeschlossene, mit uns geduldige Weggefährtin, mit der wir abends nach getaner Arbeit gerne noch einen Drink nahmen. Wie witzig kann diese Frau doch sein, urkomische Geschichten hat sie uns mit einem so skurrilen, zeitlosen Humor vorgetragen, dass jeder Alters- oder Generationsunterschied zwischen ihr und uns aufgehoben schien. Sie wirkte jung, frech und schlagfertig und genoss es sichtlich, in unserer Runde nicht als greise Oma behandelt zu werden.

Auf dieser Reise schloss ich sie ins Herz, was die Verantwortung und den Druck in mir nur steigerte, einen Film zu machen, den sie akzeptieren konnte.

Carola Stern hatte kein Mitspracherecht am Drehbuch,

und ich habe es ihr auch nicht vorab zu lesen gegeben. Das hatten wir vereinbart, weil ich darauf bestand, völlig eigenständig und unbeeinflusst von ihren Erwartungen arbeiten zu können. Ich weiß, dass ihr dieses Nichtwissen, wie und was der Film werden würde, schwer zu schaffen gemacht hat, und ich rechne es ihr hoch an, dass sie diesen von Zweifeln gepeinigten Wartestand bis zuletzt ausgehalten hat.

Natürlich hatte sie Angst, es könnte ein Bild von ihr entstehen, das für sie nicht akzeptabel oder in der notwendigen filmischen Verdichtung gegenüber ihren Autobiographien zu lückenhaft wäre. Und sie hatte Sorge, dass wir die vielen historischen Fakten, die ihr Leben durchziehen, in den Spielszenen nicht korrekt umsetzen würden.

Als wir im Sommer 2003 den Spielfilmteil drehten, hat sie uns zweimal am Set besucht. Sie war sehr angetan von der Begegnung mit den Schauspielern, vor allem von ihren beiden Darstellern Maria Simon und Renate Krössner. Aufgeregt wie ein kleines Mädchen verfolgte sie das Treiben, und ich glaube, sie ist innerlich fast gestorben vor Neugierde, wie dieser große filmische Aufwand letztlich genutzt werden würde, ihr Leben in Szene zu setzen.

Im November 2003 war es dann so weit. Ich hatte mich mit Carola Stern verabredet, ihr den Film am Schneidetisch vorzuführen. Ich bin sicher, vor diesem Tag haben wir uns beide regelrecht gefürchtet – sie wegen des fast zweijährigen ungewissen Wartens und ich wegen der Angst, sie würde meine Arbeit, ihr Abbild missverstehen. Als der Film lief, berührte Carola Stern den Bildschirm fast mit ihrer Nasenspitze, so dicht hatte sie sich vor dem Gerät platziert. Sie sprach kein Wort, ab und zu lachte sie, und ab und zu nahm sie ein Taschentuch zu Hilfe, um ihre Tränen zurückzudrängen. Ich war neunzig Minuten lang total aufgeregt und sehr angespannt, wie sie am Ende reagieren würde.

Es war ein bewegender Moment. Sie mochte den Film, weil sie vieles von sich darin wiederfinden konnte, ohne dass die Ambivalenz und Widersprüchlichkeit ihrer Person verschwiegen wurde. Genau das war mein Ziel.

Wir sahen uns an, umarmten uns und mussten weinen. Alle Anspannung fiel ab, und wir beschlossen sogleich, zusammen essen zu gehen. Im Auto, auf dem Weg zum Restaurant, schwiegen wir, bis Carola sagte, sie hätte eine kleine Frage, keine Kritik am Film, nur eine kleine persönliche Frage. Ob bei mir in der Zusammenarbeit der Eindruck entstanden sei, sie wäre eine von diesen «furchtbaren Streberinnen», die man schon in der Schule auf keinen Fall hätte sein wollen.

Ich sah sie an und musste lachen. Ohne aussprechen zu müssen, dass es neben vielem anderen Fleiß und Disziplin gewesen sind, die ihr ein Leben lang geholfen haben, ihren Weg zu finden und zu meistern, konnte ich ihre kleine Frage mit «nein» beantworten.

Spätestens zu diesem Zeitpunkt ist zwischen uns eine echte, herzliche Freundschaft entstanden, ein Glück, das einem Dokumentarfilmer am Ende einer Arbeit nur äußerst selten widerfährt.

Die Reisende und ihr insistierend fragender Begleiter

Stab- und Besetzungsliste zum Film «Carola Stern – Doppelleben»

DARSTELLER

Carola Stern, jung	Maria Simon
Carola Stern, alt	Renate Krößner
Erika Assmus, Kind	Amelie Litwin
Erika Assmus, Jugendliche	Samira Bedewitz
Heinz Zöger	Uwe Kockisch
Fritz	Felix Eitner
Mr. Becker	August Zirner
Ernst Richert	Burghart Klaußner

SZENENBILD
Thomas Stammer
KOSTÜM
Judith Holste
MASKE
Heike Merker
Henny Zimmer
KAMERA
Holly Fink bvk (Spielfilm)
Thomas Keller (Dokumentarteil)
TON
Andreas Mücke-Niesytka (Spielfilm)
Harriet Kloss (Dokumentarteil)
SCHNITT
Stephan Krumbiegel
MUSIK
Stefan Schulzki
MISCHUNG
Martin Grube

CASTING
Uljana Havemann
PRODUKTIONSLEITUNG
Sebastian Werninger (Spielfilm)
Sibylle Schmidt (Dokumentarteil)
HERSTELLUNGSLEITUNG
Mathias Schwerbrock
PRODUCER
Christian Rohde
PRODUZENT
Nico Hofmann
REDAKTION
Bettina Reitz, BR
Helga Poche, WDR
Jochen Löscher, BR
Jochen Kölsch, ARTE
BUCH
Gabriela Sperl
Thomas Schadt
REGIE
Thomas Schadt

Eine teamWorx Produktion im Auftrag des Bayerischen Rundfunks und Westdeutschen Rundfunks in Zusammenarbeit mit ARTE

Quellennachweis der Abbildungen

Die Schwarzweißabbildungen in diesem Buch stammen aus der privaten Sammlung der Autorin, mit Ausnahme der folgenden Fotos:

S. 2 und 201: dpa Picture-Alliance, Frankfurt/Main

S. 227: Daniel Biskup, Berlin

S. 235: teamWorx, Berlin.

Die Farbabbildungen im Tafelteil in der Mitte des Buches stammen aus den Spielszenen von Thomas Schadts Film «Carola Stern – Doppelleben». Abdruck mit Unterstützung und freundlicher Genehmigung des Bayerischen Rundfunks München und von teamWorx Berlin; alle Rechte vorbehalten.